十二年國教下的班級經營

十八項理論解說

與

事例印證

陳威任、陳膺宇　著

請不要被我們「綁架」！
請您自由地創造自己的歷史！

本書各個模式與事例，
不是要您照著做，
而只是提供您思考與討論的空間。
請您多多發揮批判思考、創意思考等思維與技能，
建立您「自己的」班級經營模式與策略！

作者簡介

陳威任

學歷：國立臺灣師範大學國文系六六級畢業
國立臺灣師範大學國文研究所四十學分班結業

曾任：臺北市國中教師、高中教師、衛生組長、訓育組長
臺北市明倫之友會第七任會長
多次榮獲優良教師獎、優良導師獎

著作：《教師 HD：改變孩子一生的 24 篇校園故事》（與陳膺宇合著，
稻田，2009）

陳膺宇

學歷：政治作戰學校學士
國立政治大學東亞研究所碩士
美國加州大學洛杉磯校區（UCLA）博士

曾任：開南大學專任副教授
國立交通大學兼任副教授
習慣領域學會理事長

著作：《預官團報到：ROTC 的理論與實際》（名山，1997）
《轉型中的我國軍事教育》（師大書苑，1998）
《共贏：天才將軍的另類領導》（八方，2004）
《好習慣，成就孩子的大未來：父母必修的 24 堂 HD 親子教養
課》（時報，2008）
《教師 HD：改變孩子一生的 24 篇校園故事》（與陳威任合著，
稻田，2009）
《HD 的秘密：軍隊與企業達人的 75 項領導法則》（黎明，2010）
《e 世代 HD：跨越代溝的生命智慧》（高等教育，2011）
《尋找 HD 樂園：小女兵與老將軍的驚奇之旅》（與張靜如合著，
黎明，2012）

《考典：一次考上國考、公職、銀行、各類證照、國營事業、研究所的萬用備考法》（商周，2013）

《考典2：國考、公職、銀行、研究所、各類證照、國營事業必勝全攻略》（商周，2014）

《考典實戰：萬用備考法得勝示例》（三民輔考，2015）

推薦序

本人十分樂意推薦陳威任、陳膺宇兩位老師合寫的《十二年國教下的班級經營》一書。筆者在大學從事班級經營的課程已十餘年,很高興能看到這一本相當「另類」、能從第一線國、高中教師角度出發的班級經營教科書;而且兩位老師能看到在即將實施十二年國教之際,班級經營終於可以不再以「升學至上」為教學要務,又可以跳脫傳統趕進度限制的種種利基。

本書試圖蒐集七十多種中學教師經常遇到的班級經營困境,用說故事與問答的互動方式,鋪陳教師們在帶班時應有的身心準備;並進一步透過資深教師的現身說法,分享如何營造班級的學習氣氛。特別是在學生程度參差不齊、學習動機強弱不一、家庭背景多元的差異下,如何透過「愛與榜樣」的楷模作用,一一突破學生的習慣領域,建立其自信心、引領向學;同時,藉由因材施教與多元智能等原理,善用學校、家庭與社區資源,活化教學與輔導技巧,讓學習與生活相結合。

根據國內外的研究顯示,百分之七十的新進教師(甚至有些是已經教書幾年的教師),「班級經營」的問題仍是其最大的困擾與挑戰,許多人甚至因此而被迫離開教書行業!本書相當能結合班級經營實務與理論,且容易閱讀與應用上手,對於正在學習如何當老師的大學師培同學與新手教師,理應有所助益。作者之一的陳膺宇教授,在交通大學等校講授「習慣領域」之通識課程多年,有許多教室內外的創新教學舉措,足堪將班級經營的精神發揮到極致!

最後,十二年國教即將上路,這是一本嘗試與十二年國教相結合的著作,尤其是在未來學生(包括高中職階段)的能力差異會更大之情況

下，陳威任老師透過長年帶國中「後段班」與高中普通班的經驗，訪問了數十位在班級經營中有獨特技巧與心得的教師，在兼具「有趣」與「實用」中，本書著實費了一番功夫，精彩可期！

周祝瑛

謹識於國立政治大學教育學系

自序

最近幾年，我一直就有想寫一本「另類」的班級經營教科書之想法，這本書既要填補十二年國教下脫離「升學至上」桎梏後的「空白」，又要跳脫傳統班級經營教學「理論取向」的「枯燥」與「艱深」。這個目標，讓我思索很久！

我十分熱愛「教書」這個行業，當了三十年的老師，仍然念念不忘，常以「寫作」、「演說」、「講課」等方式，希望將我這麼多年寶貴的教學經驗，能有一個傳承，讓後繼者少走一些冤枉路。

在演說或講課的過程中，有些學生或聽眾會提出一些問題，例如：「如何維持上課秩序？」「如何對付『大條』學生？」「如何處置作弊行為？」「如何處理偷竊行為？」等。前年，在政治大學教育學系講「班級經營」時，有一位同學提出一個問題：「陳老師，您因為有中國功夫，因此可以鎮住學生，一般沒有學過功夫的老師該如何是好？」當時，我回答他：「不需要『中國功夫』，只需要『以誠待人』就夠了！」因而，我舉了洪蘭妹夫「阿拉斯加馴狼」的故事（請參見本書第 119 頁），只要意誠，連猛獸都可以馴服，何況人類？

我腦海裡想起了以前在臺北市明倫國中（明倫高中前身）的同事，那位很有愛心的楊老師，對於一個喜歡好勇鬥狠的學生小元，總是噓寒問暖。可是在屢勸不聽的情況之下，從不打人的楊老師，有一次忍不住揮出了兩個巴掌；打了小元之後，自己卻趴在辦公桌上放聲大哭，因此感動了小元：「謝謝老師，您打醒了我！」從此改過自新的故事。

我又想起新竹縣湖口某國中，有位李老師，一向都把學生當成是自

己小孩一樣地疼惜。因此，當她挺著大肚子，有一次在講臺上不小心踉蹌了一下，差點跌倒時，全班同學驚呼連連，關心之情，溢於言表，那個場景多令人動容。帶學生重在「帶心」，何必用「武功」？

然而，帶學生如何「帶心」？往往知易行難，「理想」與「現實」總有差距，「動機」與「行為」常難合一，非經一番經驗與教訓或多方借鏡學習，很難得心應手。當時我就有一種想法：也許寫一本有關「班級經營」經驗談的書，對許多有志於教育的學生或新進的教師，才會有真正的幫助。

再者，十二年國教即將於 2014 年上路，班級經營的教學目標應結合十二年國教的政策方針，才能對學習者更有助益。我因長年帶國中「後段班」的關係，熟悉於不以「升學取向」為目標之班級經營，再加上訪問過數十位善於教學創新、特別有愛心且師生關係非常良好、班級經營相當成功的教師，寫就十八篇「校園故事」後，再將十二年國教的六大目標取出逐一對照，才發現本書內容居然有如量體裁衣，幾乎大致符合六大目標的格局與方向！為此，內心之喜悅不在話下。於是順理成章地，將十八條理論的大溝渠，導入六大目標的大江河，流向十二年國教的大海。

另外，如何為有志於從事教書工作的大學生們，將各家艱深的班級經營理論與模式，做深入淺出的解說，且又要兼具「有趣性」與「實用性」，困擾了我很久！某日，我把這個構想與經常有創意奇招、鼓勵大學生「模擬約會」與提倡「笑擁 101．跨年 0 垃圾」運動的交通大學兼任副教授陳膺宇博士討論時，很高興獲得他的認同，並同意共同撰寫。經與陳教授幾次長談後，我們的著眼點是走「教學者生動、多元，學習者參與、有趣」的策略。教師可要求學生在課前（或課初）先看完「校

園故事」及「班級經營理論」後，直接問學生：「校園故事中的哪些情節，得以印證某某理論模式的哪個原則？」「請舉出例子，說明某個模式之原則應用。」「你有何不同意見或補充意見？」等；教師將自己班上的「班級經營」帶進「以學生為主體」的討論與激盪中。如此一來，課堂氣氛輕鬆、活潑、學習有效，學生的舉例和辯論，還可隨時引起「哄堂大笑」──這就是我們的「藍海策略」！

於是我們做了以下的分工：凡屬班級經營「理論與模式」的分析解說，以及許多挑戰性的問題之提出，引導讀者「腦力激盪」的部分，皆偏勞陳膺宇博士；而有關「校園故事」及其「案例」，則由本人負責撰寫（因此在本書中，凡「故事」及「案例」中的「我」，皆代表威任本人）。

我們發覺，許多大學生在讀了許多教育理論方面的書後，一旦真正走上火線、管理班級時，才發現往往派不上用場，十分可惜。因此，我們希望能寫一本與眾不同的班級經營教科書，透過生動的情節與真實案例，讓讀者親臨其境；又可對書中教師的處理方式，在課堂上進行批判、提出質疑；更可因書中的內容激發靈感，因而有許多創新；還可能因為書中教師的大愛心，引發「有為者亦若是」的使命感。

最後，承蒙心理出版社林敬堯總編輯及同仁的協助，本書才有機會呈現於諸位眼前。十二年國教即將實施，希望本書的出版有助於結合班級經營與十二年國教，也希望本書有助於各位走出一條屬於您「自己的」班級經營策略模式！祝福大家！

陳威任
謹識於 2013 年夏天

目次

Chapter 1

培養現代公民素養 ··· 1

第一節 行善助人
～如果您能讓孩子習於行善，這是給他一輩子最大的禮物
福瑞柏格（H. J. Freiberg）【一致性管理模式】 ·············· 2

第二節 尊重與負責
～培養孩子尊重他人、對自己的行為後果負責的好習慣
尼爾森、勒特、葛林（J. Nelsen, L. Lott & S. Glenn）【積極管理模式】 ··· 11

第三節 培養解決問題的能力
～以「友善待人」及「為對方設想」的心態創造雙贏
嘎色克爾（E. Gathercoal）【慎思型紀律模式】 ············ 23

Chapter 2

引導多元適性發展 ·· 37

第一節 廢物還是人才
～每個孩子都是無價之寶，都有無限的可能
金納特（H. Ginott）【和諧溝通模式】 ··················· 38

第二節 同儕互動，引發無限潛能
～多元發展、多方嘗試，良師、益友造就「天才」
亞伯特（L. H. Albert）【合作式管理 3C 模式】 ·········· 47

第三節 黑手也有一片天
～行行出狀元，每個孩子就像一粒種子，總有適合自己的土壤
科亨（A. Kohn）【超越班級經營模式】 ················· 57

Chapter 3 確保學生學力品質 ································· 73

第一節　正面制約，創造天堂
～懂得「賞識」的父母師長，往往能發揮「比馬龍效應」，
創造奇蹟
庫寧（J. Kounin）【教學管理模式】················· 74

第二節　願心與願力
～教師應設法引燃孩子內在學習動機的「火藥庫」，自會
產生驚人的效果
科羅若梭（B. Coloroso）【內在紀律模式】·········· 89

第三節　閱讀是教育的靈魂
～喜愛閱讀的人，正如同站在巨人的肩膀上，他的視野將
無限地寬廣
強森、強森（D. Johnson & R. Johnson）【合作學習 3C 模式】
···································· 104

Chapter 4 舒緩過度升學壓力 ··························· 117

第一節　水乳交融的師生情緣
～和學生建立互信關係，引導學生五育並重，發掘各種學
習的樂趣
葛萊瑟（W. Glasser）【現實治療模式】············· 118

第二節　沒有升學壓力之下的桃花源
～以「整潔秩序」的環境及「快樂學習」的方式，營造後
段班的春天
艾渥森、海瑞絲（C. Evertson & A. Harris）【學習者為中心模
式】 ···································· 133

第三節 改變家長的傳統觀念

～親師生懇談，導正尋短念頭，彌補親子裂痕，造就孩子一生

史金諾（B. F. Skinner）【行為主義相關模式】 ………… 144

Chapter 5 追求社會公平正義 ……………… 159

第一節 獎善懲惡，鼓勵自新

～擬訂有效辦法，懲戒霸凌行為，但留有餘地，給予將功補過的機會

瓊斯（F. Jones）【正向班級常規模式】 ………………… 160

第二節 以團隊力量守望相助

～結合學校教育及各種資源，有效打擊犯罪，維護公平正義

科威恩、曼德勒（R. L. Curwin & A. N. Mendler）【尊嚴管理模式】 ………………………………… 170

第三節 當頭棒喝，以正視聽

～糾正學生錯誤觀念，不但要他知錯，還要他能改過

雷德、華頓伯格（F. Redl & W. W. Wattenberg）【團體動力模式】 ………………………………… 184

Chapter 6 均衡城鄉教育發展 ……………… 195

第一節 救援孤兒，恩同再造

～如果您能先確實了解這個孩子，您才有機會改變他

德瑞克斯（R. Dreikurs）【目標導向模式】 ………… 196

第二節 愛心認養，感恩回饋

～從實踐中，讓孩子體悟出「為善最樂」的真諦

肯特夫婦（L. Canter & M. Canter）【果斷紀律模式】 … 207

第三節　卿本佳人，迷途知返
　　　　～以愛心感化，讓孩子主動改正自己的偏差行為
　　　　葛登（T. Gordon）【教師效能訓練模式】 ……………… 218

參考文獻 ……………………………………………………… 231
附錄：班級經營理論的主要模式 …………………………… 233

Chapter 1

培養現代公民素養

　　臺灣一向以升學主義掛帥，如今，十二年國教上路了，終於解開「升學至上」的枷鎖。然而，拿掉了「升學第一」的目標之後，我們還可以做些什麼？

　　教育部把「培養現代公民素養」當作十二年國教六大目標中的首要目標，其目的在於：藉著學校教育對公民素養的強化，造就健全的公民社會，以提升國際競爭力。

　　特別是現代公民素養中的關鍵因素：品格素養、發展和經營良好人際關係的能力、團結合作的能力，以及處理和解決衝突的能力等，這些都是能讓孩子們終身受用不盡的素養，也是學生將來出社會後「決勝關鍵」的能力。

　　本章第一節的主題是「行善助人」，教師若能養成孩子有「行善助人，感恩回饋」的良好習慣及光明心態，將是帶給孩子一生最貴重的禮物。

　　第二節的主題是「尊重與負責」，希望教師能引導學生尊重他人，並培養孩子養成良好的生活習慣，以及自我負責的好個性。

　　第三節的主題是「培養解決問題的能力」，讓孩子進入社會後，擁有做人和做事的優勢競爭力，這將是孩子日後最大的資產，社會也將能減少一些衝突與戾氣。

第一節 行善助人

～如果您能讓孩子習於行善，這是給他一輩子最大的禮物

福瑞柏格（H. J. Freiberg）【一致性管理模式】：

學校所有人員都需對學生傳達一致的訊息——責任與自律

 校園故事

張凱莉老師在學校裡積極推動「行善日記」及「感恩日記」的活動，讓學生每天習於行善，感恩回饋。所謂「習慣成自然」，只要老師稍加引導，同學們就會樂於發揮愛心。

有一次，學校舉辦校慶活動，當凱莉老師提到要不要參加「善心園遊會」時，全班同學都舉雙手贊成。有別於某些班級聽到要「愛心捐獻」時，就反彈：「為什麼我們憑勞力賺來的錢，都要捐給別人？」到最後興趣缺缺，不想參與；或者改變初衷，將賺來的錢藉著舉辦慶功宴花掉，甚至乾脆將所得盈餘移作班費。然而，張老師的作法卻是一開始就講清楚：「同學們千萬不要只記得辦園遊會，而忘記行善。請切記我們舉辦園遊會的目的，是『以勞力來激發每個人的善心』，所得的利潤『全數』要捐獻給愛心機構！」

接著，舉行班會共同決定，同時販售滷味、肉羹、乾冰汽水、冰淇淋等多樣化食品，並將全班分成四組，選出組長及司庫，並分派任務。在園遊會當天，每位同學都能井然有序地各司其職，有的準備瓦斯桶、瓦斯爐；有的負責購買素材；有的負責烹飪；有的畫海報；另有同學有組織地到處兜售。

　　由於張老師凡事首重前置作業，也不斷地提醒同學：「賺錢難，策發別人的愛心更難，買賣可以不成，但感謝和禮貌不可打折。」同學多少謹記在心。當天，學生們表現得相當活躍而有禮貌，「謝謝惠顧」、「有空再來」呼聲四起。

　　他們事後檢討起來，開玩笑地說：「真可謂『人盡其才』、『地盡其利』、『物盡其用』、『貨暢其流』！」事實證明，他們的戰略奏效，淨賺一萬四千多元，居全校之第三名。

❀ ❀

　　園遊會結束，當同學聽到獲利如此可觀時，全班歡聲雷動。突然，有一位同學提出臨時動議：「老師，既然賺了這麼多錢，我們寒假要去騎腳踏車，能不能挪些錢來租腳踏車？」

　　張老師笑笑，看了他一眼，說：「且慢！我們先來做『善行總結』！」

　　「首先，我們要感謝全班同學同心同願、通力合作，才能賺到那麼多錢，請大家為自己鼓掌！太棒了！」全班鼓掌。

　　「接著，我們也要感謝許多家長幕後的協助，有的幫我們準備瓦斯桶、瓦斯爐；有的幫忙煮肉羹、買乾冰，捐助了許多東西。雖然他們人不在現場，我們還是要請同學回去告訴爸爸媽媽，謝謝他們為我們做這麼多！這些家長『愛心無價』！」全班鼓掌歡呼。

　　「還有維智老師幫忙打點素滷味，還請她家佣人幫忙切豆乾，徹夜幫助我們，請大家隨喜讚歎『愛心無價』！」全班歡喜鼓掌。

　　「還有些家長，特地前來消費，有的還幫我們送貨，我們是否也應該隨喜讚歎他們『愛心無價』？」全班鼓掌。

　　「還有，園遊會時，無論是賣乾冰汽水、賣素滷味，或是賣肉羹、冰淇淋的，都有輪班同學可以替換，輪流休息。唯獨掌管司庫的同學，

必須從頭到尾一直站著數錢，很是辛苦！而且到最後，一毛錢也沒出差錯，很了不起！讓我們為他們讚歎『愛心無價』！」全班拍手。

✽ ✽

「以上這麼多有功人員，他們都不曾要求半點酬勞。剛剛有同學提出來：『寒假我們要去騎腳踏車，可否從這裡挪一點錢出來花用？』你們覺得 OK 嗎？」

這時只見原先提議的同學漲紅著臉，搖著手大叫求饒：「不要了啦！不要了啦！不好意思！」

於是張老師說：「這些所有的錢，都是因為你們激發了別人的善心而賺得的；也就是每一個人，願意在園遊會裡面，因為愛心而做出最大的貢獻，沒有一毛錢可以占為己有。我們敢不敢把別人的愛心拿去騎腳踏車啊？」同學們都搖搖頭。

「我們決定全數捐給愛心機構！請班上同學自己去找『有政府立案的慈善團體』三到五個，我們把愛心全數捐出去！至於我們寒假要去騎腳踏車的事，我還是建議自己花自己的錢，好嗎？」

「好！」全班一起喊。

「贊成的舉手！」全班一致通過。

老師又說：「那我在這裡要隨喜讚歎各位的善行！請各位為自己拍拍手！」全班歡喜鼓掌。

這時剛好有位家長要來接他兒子放學，目睹整個過程，大受感動，大歎：「我現在才明白『良師興國』的真正意涵！」

到了寒假，張老師帶著全班同學一起到淡水去騎腳踏車，為了鼓勵他們的善心善行，除了租借腳踏車的費用七十元由個人自行負擔外，其餘「吃」的部分，完全由張老師買單。

是的，誠如張老師所言：「愛心需要培養，也很值得培養。」它不

僅能培養一個人完美的人格,也是社會上最珍貴的資產,將使這個社會處處有溫情。我們的國家、社會,真的很需要多一點像這樣的老師!

 ## 班級經營理論

福瑞柏格(H. J. Freiberg)【一致性管理模式】

　　福瑞柏格是美國休士頓大學教育學院的教授,兼任「一致性管理與合作式常規方案」(Consistency Management and Cooperative Discipline, CMCD)創始人和國際主持人。他曾和朵瑞絲柯爾(A. Driscoll)合著《學習自由》(*Freedom to Learn*);1999 年出版《超越行為主義:班級經營典範之變革》(*Beyond Behaviorism: Changing the Classroom Management Paradigm*)一書,對「一致性管理與合作式常規方案」有詳細而具體的說明,其對於班級經營的理念主要如下。

1. 一致性管理(consistency management)

    (1)責任與自律:所有學校的人員(包括教師、行政人員、警衛等)都應該向學生傳遞一個相同的訊息——學校教育的首要目標是要培養學生「責任」與「自律」。

    (2)防患於未然:強調處理學生不當行為的對策,應以事前預防為主,以減少日後問題處理的困難。

2. 合作式常規(cooperative discipline)

    (1)人人是領導者:讓學生參與班級經營的工作,人人有機會擔任領導者,培養其「自律」的能力。

    (2)師生合作共事:讓學生從班級「過客」轉為「公民」,與教師共同承擔教與學的責任與工作。

(參考自張民杰,2011:338-340;單文經等譯,2004:316-344)

案例參考

案例一：防患於未然

我們從故事中的敘述，可以看出張老師不但很有愛心，而且還很有慧心。

她一開始就講清楚：「請切記我們舉辦園遊會的目的，是『以勞力來激發每個人的善心』，所得的利潤『全數』要捐獻給愛心機構！」而且她還不斷地對同學耳提面命：「賺錢難，策發別人的愛心更難，買賣可以不成，但感謝和禮貌不可打折。」可見當初他們辦園遊會的初衷絕非營利，而是為了行善及激發別人的愛心。

因此，在整個販賣及兜售的過程中，同學們特別重視禮節，不會「為達目的不擇手段」；而且在園遊會結束，雖然獲利可觀，但當張老師表明「全數捐給愛心機構」時，全班更無異議一致通過。

就因為張老師事先將活動的目的講清楚，減少了事後問題調解處理的困難。

❈ ❈

臺北市有位周老師，有一次在班上提倡「認養清貧學童」的活動，獲得全班支持，除了班會決議「每人每週繳交一百元仁愛基金」外，也決議：「凡上學遲到，每次罰二十元，並充作愛心認養基金。」周老師擔心會有後遺症，將這兩項決議，以書面通知家長，徵求同意後，才開始執行，過程一切順利。

不料後來有位家長，因與妻離異，事業又不順，難免憤世嫉俗。適逢兒子來要錢，因此遷怒老師，不分青紅皂白，以電話告上教育局，說周老師「巧立名目，濫收濫罰，中飽私囊」。教育局於是派員調查，發覺周老師不但備有全班每一位家長的同意書，而且帳目、收據清清楚楚，

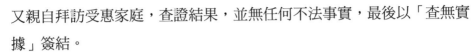

又親自拜訪受惠家庭，查證結果，並無任何不法事實，最後以「查無實據」簽結。

　　周老師與張老師一樣，有善心而且有慧心，能防患於未然，避免「有心行善卻涉及違法」之情事發生，也給學生未來的做人處事立下很好的榜樣。身為教師，在預防學生偏差的行為上，也應事先規範並說明清楚，以免有「不教而殺謂之虐」之嫌。

案例二：人人都是領導者

　　故事中，張老師就是這樣，凡是班上的事，都會提出來，讓全班一起討論、表決，並且讓同學都各司其職、個個都當小組領導人，也就是讓每個學生都參與班級經營的工作。從其中，培養同學們榮譽心與責任感，並訓練自律力與領導力。

✽ ✽

　　花蓮縣某國中，有位傅老師，在每個星期五的放學時間，都會準備飲料、點心，把班上所有幹部留下來開會，請幹部將一週以來所見的班上任何缺失，或幹部所遇到的任何困難都提出來。

　　他再三強調：「不是要同學打小報告，而是本著愛護班級的立場，大家一起來努力。」等到星期一開班會時，傅老師才能成竹在胸，有效的解決許多問題；而且也使幹部更能發揮功能，使這個班級更有組織性。

　　他的學生有的日後成了大老闆，每次回想起來，都覺得老師「領導統御」的方法，尤其是每週五的幹部會議及週一的班會，無形中增加他們溝通、協調和主持會議的能力，讓他們一生獲益匪淺。

案例三：師生合作共事

就故事中舉辦的「愛心園遊會」而言，張老師事前會與同學共同討論、表決、規劃，過程中於幕後指導及幫忙，事後與同學隨喜讚歎，感謝眾人的幫忙，並一起討論處理這筆款項的事宜；更為了鼓勵他們的善心善行，於是利用寒假帶著全班同學一起到淡水去騎腳踏車，還自掏腰包請大家吃喝，可以說是「師生水乳交融」。

像張老師這樣經常與學生一起共事，當然很容易讓學生享有班級歸屬感。再加上師生共處機會增多，無論是耳濡目染或耳提面命，都有利於對學生輔導的機會。

❀❀❀❀❀❀❀❀❀❀❀❀❀❀❀❀❀❀❀❀❀❀❀

基隆市某國中有位趙老師，舉凡學生參加任何活動，無論是教室布置比賽、詩歌朗誦比賽、籃球比賽、排球比賽、拔河比賽等，她都全程參與，並經常買披薩或包子、飲料，犒賞有功人員。尤其在週末例假日，遇有學生到校練習，她必定陪伴在其身邊。

有一個星期天，同學們到校做詩歌朗誦比賽練習，趙老師照例在場，但一向習於例假日陪媽媽到校的小女兒小芳沒來。

有同學問她：「老師，小芳妹妹呢？」趙老師回答：「她呀，重感冒在家休息！」

同學們聽了好感動：「老師的掌上明珠生病了，卻沒有留在家裡照顧她，反而到學校來陪伴我們，大家要加油啊！不要辜負老師的期望！」

在同學們相互勉勵之下，詩歌朗誦比賽結果，她們班果然得了第一名！

像趙老師這樣的犧牲奉獻、以身作則，同學們看在眼裡，自然很容

易接受老師的教導，並有助於班級優質團隊的形成。

 挑戰性問題

1. 您是否同意本節「校園故事」中教師之各項作法？是否有其他補充或不同意見？

2. 針對上述三個案例，您有何心得？或有其他相關的案例可提出來分享？

3. 如何讓學生養成「責任」與「自律」的態度與能力？除了上述一些策略與方法外，您在「教學」上還可以做何種設計？

4. 在上述問題中，您在「常規管理」上還可以做何種設計？

5. 您是否同意在班級組織中，人人都有機會扮演「領導者」的角色？實際上該怎麼做？如何操作才不會有偏差？

6. 如何培養學生「行善最樂」的觀念與習慣？有何其他途徑與方法？

7. 哪些不當行為需要防患於未然？還有哪些事情需要事先預防，以減少事後處理的困難？

8. 為落實本節「一致性管理模式」的各項主要原則，應有的基本理念和配套措施為何（例如：a.教學目標，b.教學內容，c.教學方式，d.教學活動，e.學習型態，f.補充教材，g.教具媒體，h.教學評量，i.學生輔導，j.師生關係，k.親師關係，l.班規建立，m.班級組織運用，n.班級氣氛經營，o.教室環境營造，p.校園危機處理等方面）？試擇其一二項論述之。

 教師妙錦囊

妙錦囊一：教導學生行善，是給孩子一生最貴重的禮物

　　身為教師，若能以身作則，並經常對孩子耳提面命，鼓勵學生養成「行善助人，感恩回饋」的良好習慣，久而久之，習慣成自然，培養出這樣的好習慣後，將是帶給孩子一生最貴重的禮物。不但個人幸甚，國

家社會也將因此獲益無窮！

妙錦囊二：勤於和學生、家長溝通聯繫，建立良好感情與互信基礎

　　教師應經常利用上課時間、班會時間或課餘時間與學生作溝通，討論問題；也應經常以電話聯絡或親自家訪，與家長聯絡感情、促進彼此之間的了解。一旦親、師、生有了良好的互信基礎後，做起事來自能得心應手。不但不易被學生、家長有所誤解，一旦有事，也將獲得有力奧援。

妙錦囊三：師生合作共事，凝聚班級向心力

　　所謂「相近相親」，尤其是孩子參加各式各樣的團體競賽時，最需要教師陪伴在身邊，扶持慰問、憂樂與共。像這種能經常與學生合作共事的老師，最容易獲得學生的愛戴，也最容易成為很有凝聚力的班級。

妙錦囊四：讓每位學生參與決策與領導，發揮團隊精神、培養自律能力

　　我認為：「一個諸葛亮，加上三個臭皮匠，一定勝過一個諸葛亮。」身為導師，再如何智慧過人，也是孤掌難鳴，還不如將學生拉進來，讓全班同學一起參與班級經營與領導的工作，不但能使班級更有組織，而且因為是全班共同參與，一定能使全班水乳交融、士氣如虹。

妙錦囊五：以理直氣和的態度，導正孩子偏差觀念

　　學生犯錯，應該糾正，但並非用權威壓制他，而是要以說理、引喻的方式，來導正其是非，並且要語氣平和、態度誠懇；切忌大聲謾罵或語含譏諷、公然指責、羞辱學生。因為，那樣不但會傷害學生的自尊心，同時也會傷害自己的形象，徒然造成「師生對立」，有為者應引以為戒。

第二節　尊重與負責

～培養孩子尊重他人、對自己的行為後果負責的好習慣

尼爾森、勒特、葛林（J. Nelsen, L. Lott & S. Glenn）【積極管理模式】：

教師要教導學生從別人的回饋中，了解自己

校園故事

日前，有昔日學生美華、書安連袂來訪。所謂「女大十八變」，往日稚氣青澀的小女生，業已蛻變成衣著入時、氣質優雅的兩位佳麗。尤其是美華，不但一掃過去邋遢的形象，而且臉上時時洋溢著一股甜美幸福的氣息，原來是她的佳期近了，今天特地來送喜帖，對象居然是書安的哥哥，而且還是科技新貴呢！

「哇！太棒了！好同學變成姑嫂，親上加親，恭喜！恭喜！」

美華、書安這兩位女生可真有緣，從高中到大學一直都是同學。美華來自南部鄉下偏遠地區，家境清寒，不修邊幅，但刻苦耐勞，不卑不亢。當年知道她爸爸生病又失業，身為導師的我，有意為她申請仁愛獎助學金，但被她婉拒了，理由是：「家庭經濟還可以維持，把它留給更需要的人。」這讓我對她另眼相看。而書安從小生長在北部富裕家庭，不知民間疾苦，一開始，還很歧視美華的邋遢與土氣，不但對她敬而遠之，有意無意地排斥她，分組的時候也拒絕跟她在同一組；甚至有時還會挑她的毛病，以尖刻的話來諷刺她。

當時身為導師的我，看在眼裡，除了曾當著全班面前表揚美華「不貪財、有愛心，寧願把獎助學金留給更需要的同學」外，還私下婉言勸

導她要注重整潔。

有一次上課時，我還特地板書「觀功念恩」四個大字，告訴同學：「人非聖賢，不可能十全十美。『觀過念怨』的人，眼裡只看到別人的缺點、過錯，不但自己惱怒，別人也會不快樂，這就是『雙輸』。這樣的人『人際關係』必定不好；相反的，『觀功念恩』的人，眼裡只看到他人的功勞和恩惠，因而滿懷感恩，他人必定也會以善意相回報，這樣才能創造『雙贏』。」

從此以後，我安排每週的班會時，有一個「優點轟炸」的時間。

有一次班會時間，同學小嘉「轟炸」美華：「星期一早上，在我們打掃的時候，不知道哪一個缺德鬼丟了整袋垃圾，裡面還有幾個沒有吃完的餐盒，可能是三天前留下的，發出一股酸臭味。我們一邊咒罵，一邊只好兩人一組，搗著鼻子，各拿一支鐵夾子，合作卸下橡皮筋，然後夾住飯盒倒入餿水桶。誰知美華路過，只說句：『讓我來！』徒手就將『卸橡皮筋、倒飯菜』的動作一氣呵成。我問她：『不怕髒嗎？』她笑著說：『不會啦！用肥皂洗洗手就好了！』我好佩服她喔！」

小玉也說：「對啊！有一次我們打掃廁所，馬桶裡有一個污垢，怎麼刷都刷不掉，美華居然用手指去摳，天啊！」我說：「像她這種不嫌髒、不嫌臭，犧牲奉獻的精神，十分難得，讓我們給美華最熱烈的掌聲！」

全班果然掌聲如雷。從此，書安對美華的印象就逐漸改觀。

❋ ❋

有一次，美華在放學時間上廁所，聽到隔壁廁所一句慘叫聲，連忙問：「是誰？需要幫助嗎？」原來是書安，蹲馬桶時不小心，被鐵條刮傷，血染內褲。美華連忙取出衛生紙幫她搗住傷口，並陪她坐計程車就醫，送她回家。書安覺得很丟臉，再三囑咐不要告訴老師。但第二天，

美華還是告訴我「廁所鐵條」的事。我嚇了一跳，問：「是誰受傷？有沒有關係？」她說是她自己，已經不礙事了。我連忙會同總務處到女廁查勘，緊急鋸掉那根惹禍的鐵條。直到書安的媽媽來電請病假，我這才知道受傷的是書安，而不是美華。事後，書安很感激美華的貼心，從此，她二人成了莫逆之交。

　　某個星期五下午，書安憤憤不平地來找我，原來是為了美華打抱不平。她說美華本來就是穿白布鞋，而劉教官硬是誣賴她說顏色不對，要記她一支「警告」。我找美華來，發覺她的白鞋子已髒成灰濛濛的一片，完全無法辨認顏色，衣服也是又髒又皺。我借力使力，笑著問她：「我知道妳穿的是白布鞋，教官可能看錯了，妳覺得該怎麼辦才能解決問題？」她想了想，說：「請老師幫我跟教官解釋一下，我回去把鞋子洗刷乾淨，星期一再給教官檢查。」，我說：「很好，老師一定幫妳！順便也把制服洗一洗好嗎？」

　　到星期一當天，她果然很難得的衣鞋整潔地找教官報到。事情圓滿解決後，我又婉轉地勸導她「衣著整潔」給人印象的重要性。從此，她果然有一段很長的時間，一直維持著整潔的形象。

　　高中畢業後，美華和書安以優異的成績雙雙考進同一所國立大學。在大學四年中，書安很幸運地找到了「白馬王子」，大學一畢業就結婚。然而美華，不但長相溫柔清秀，而且孝順懂事，更難得的是刻苦耐勞，照理說應是每個男人夢寐以求的賢內助才對。只是她為了照顧生病的父親，大學四年沒有時間修「戀愛學分」，因此直到大學畢業，父親過世後，她仍是小姑獨處。

❀ ❀

　　書安一直有心想把她介紹給哥哥書平，而後者正是美華暗戀多年的對象，正中下懷的她芳心竊喜，不料落花有意，流水無情。遭受拒絕之

後，美華受傷的心情可想而知。

　　兩年後，擔任某銀行行員的美華邂逅書平前來存款，書平一見，竟然驚艷不已，從此苦苦追求，半年之後，有情人終成眷屬。

　　結婚前夕，餘怒未消的美華不免興師問罪：「為何前倨後恭，之前要拒人於千里之外？」書平一臉無辜：「誰知道那蓬頭垢面、一身邋遢，經常睡眼惺忪的『睡美人』會是妳？」氣得美華嬌嗔著一頓粉拳伺候。

　　原來大學時代的美華，爸爸長年臥病在床，家庭經濟困窘，生性孝順的她，白天利用課餘時間去接替媽媽清潔公司的工作，晚上則陪同媽媽到夜市擺攤，半夜本來是三姊弟輪流起床照顧病父，而身為長姊的她總是一肩承擔。搞到後來，她身心俱疲，睡眠不足的她，更沒有梳洗打扮的時間，甚至經常在上課時間打瞌睡，因而博得「睡美人」的封號。

　　同學書安一直很同情她，剛好家在學校附近，經常帶她回家梳洗、補眠。書平偶而撞見，點頭而過，對於這位一身邋遢的「睡美人」，當然不放在眼裡。儘管妹妹一廂情願地熱心撮合，心存偏見的書平卻無論如何都無法接受，直到他再次邂逅美華，驚覺當年的「醜小鴨」已經蛻變成「天鵝」了。

　　最後，書安說：「第一印象害人不淺！差點毀了一樁美好的姻緣。」我笑著說：「是老師不好！沒有教導妳們『人要衣裝』的觀念。」美華告饒地說：「老師不要糗我了！是我不聽老師的話，咎由自取！」

班級經營理論

尼爾森、勒特、葛林（J. Nelsen, L. Lott & S. Glenn）
【積極管理模式】

　　尼爾森是一位教育專家，她與勒特都是家庭與兒童諮商的心理治療師。葛林的專業領域是教育、青少年問題、家庭心理等，美國白宮稱呼他為美國最傑出的家庭生活與預防方案的專業人士。他們在1997年共同寫了一本書《班級中的正向常規》（*Positive Discipline in the Classroom*）；他們的主張對班級經營有貢獻，主要如下。

1. 必要的技能（四選三）

　(1)自我內省：教師要教導學生從別人的回饋中，了解自己，並學習對自己行為的後果負完全責任。

　(2)人際互動：讓學生透過對話、分享、傾聽、合作、協調，以及衝突解決等，學習成熟的人際互動技能。

　(3)自我判斷：讓學生有機會、有勇氣做決定，從錯誤中學習，以鍛鍊其自我判斷、自我決定的信心與能力。

2. 障礙物 vs.增強物（五選三）

　(1)假設 vs.檢視：教師不要在未詢問學生之下，就「假設」了解學生行為背後的原因；應設法「檢視」其行為的原因，並發掘其獨特的潛能與特質。

　(2)指示 vs.引導：不要以缺乏尊重的方式「指示」學生怎麼做，應讓學生參與規劃或討論，以「引導」學生自己解決問題，培養自主負責的態度與能力。

　(3)成人中心 vs.尊重差異：不要期望學生能如同「成人」般的思考和行動，應「尊重」其尚未成熟與個別差異，並以多元互動來了

解他們、接納他們。

3. 班會的益處（八選四）

(1)班會對教師與學生有著奇妙的好處，能使整個班級成為一個休戚與共的共同體。

(2)班會是師生學習欣賞與讚美的好機會、好場所，能使班級氣氛變得十分親善、祥和。

(3)班會讓大家明瞭「每個人都可能有不同的想法或意見」，但要尊重「多數決」。

(4)班會使得大家有機會做「角色扮演」，並可透過「腦力激盪」的方式，來集思廣益、爭取向心。

（參考自張民杰，2011：354-357；單文經等譯，2004：403-409）

 案例參考

案例一：學習對自己的行為後果負責

　　故事中的美華，曾因白鞋子髒成灰濛濛的一片，而被教官誤會。導師為了保留其顏面，並沒有責備她，只是在幫她把事情解決後，才婉轉地勸導她「衣著整潔」給人印象的重要性。美華也聽進去了，從此，有一段很長的時間，她一直維持著整潔的形象。直到大學時代，為了要照顧生病的父親，才又故態復萌。雖然情有可原，卻差點毀了一樁美好的姻緣。

　　然而在故事末，當老師把學生的缺失歸咎於自己：「是老師不好！沒有教導妳們『人要衣裝』的觀念。」學生反而告饒地說：「老師不要糗我了！是我不聽老師的話，咎由自取！」可見美華能自我反省，也已經學會對自己行為的後果負完全責任。

✻ ✻

有一次我搭捷運淡水線。

在捷運車廂內，看到一位高中女生，一不小心打翻了飲料，於是一灘果汁肆意地在地板上橫流。女生清秀的臉龐，顯出焦急的神情，只見她連忙扶著欄杆，蹲下來，拿著幾張面紙，企圖吸乾地上的果汁，但很顯然地幾張面紙還不夠吸乾。

這時我背包裡剛好有一大包衛生紙，於是抽出厚厚的一疊以及塑膠袋交給她，她抬頭道了聲謝謝，接過衛生紙和塑膠袋，繼續低頭努力擦拭。

我看到她穿著紫色的運動衣褲，知道她是明倫的學生，那麼應該在圓山站下車才對。

我提醒她：「圓山站到了！妳要不要下車？我來幫妳善後。」

她回答：「謝謝你！沒關係。」並繼續擦拭。

一直到劍潭站，她才將吸滿果汁的衛生紙，以及果汁杯，一股腦兒裝進塑膠袋裡，拿在手上，深深地向我鞠躬，準備下車。

我問她：「不怕上學遲到？」

她回答：「我們老師說自己做的事要自己負責！」

女孩翩然下車，很快地跑到對面去搭捷運。我還不及問她：那位可敬的老師尊姓大名？

案例二：學習成熟的人際互動技能

故事中的美華、書安這兩位女生，來自不同的家世背景。美華來自南部鄉下偏遠地區，家境清寒，不修邊幅，但刻苦耐勞，不卑不亢。而書安從小生長在北部富裕家庭，不知民間疾苦，一開始，書安很歧視美華的邋遢與土氣，不但對她敬而遠之，有意無意地排斥她，甚至還會常

挑她的毛病，以尖刻的話來諷刺她。

導師看在眼裡，除了勸導同學們要「觀功念恩」，而不要「觀過念怨」外，還特別安排每週的班會時，讓大家有一個「優點轟炸」的時間。於是在大家的相互「轟炸」當中，書安終於體認到美華的種種優點，從此，對美華的印象也逐漸改觀。

以上是老師儘量讓學生透過對話、分享、傾聽、合作、協調，以及衝突解決等，學習成熟的人際互動技能，並懂得包容他人的缺點，欣賞他人的優點，讓整個班級從互相排斥進步到相濡以沫、水乳交融，這才是班級經營的目的。

✽ ✽

那一年，我是高三導師，班上有兩名女生（小宛和小君）因故反目成仇。有一天，小宛接到好幾通很曖昧的電話，原來有人冒用她的姓名和電話，在網路上公開徵求援交。她好生氣喔！

我調查結果，發覺是小君做的。我告誡她：「這樣做不但不道德，而且也是犯法的行為。」因此除了記她小過之外，還勒令她向小宛道歉，而她卻哭得很傷心的樣子。

下午第二節下課，班長來報告：「現在班上分為兩派人馬，耳語不斷，互相仇視，班上氣氛糟透了！」剛好第三節是自習課，於是我趕緊跑到教室。

我說：「我們班一直很團結、和諧，現在班上有這樣的氣氛，不但老師很痛心，相信同學們心裡也一定不好過！老師很不希望一向和諧的氣氛遭到破壞，現在請大家開誠布公，把你內心真正的想法講出來。」

有同學批評小宛：「小宛喜歡在背後說人是非，因此很多同學都討厭她！」我說：「這就是小宛的不對了！」於是在黑板上寫下：「靜坐常思己過，閒談莫論人非。」

有同學反映小君對人說話很不客氣，常頤指氣使，於是我板書：「說話三寶：請、謝謝、對不起；處事三寶：謙虛、禮貌、讚嘆。」

同學們受到鼓勵，果然暢所欲言，結果兩個人都被攻擊得「體無完膚」。後來，我終於知道，原來是小宛與小君為了搶男朋友而結仇。

但也有同學溫情喊話：「請你們想一想：過去大家共處的歡樂時光，是多麼溫馨、幸福！你們怎麼忍心破壞它！」

本來小宛因受陷害而覺得委屈，小君也覺得老師偏袒對方而憤憤不平，等到聽完全班的心聲之後，她倆才發覺：「原來在同學心目中，自己有這麼多缺點！」又想到自己是破壞團結的罪魁禍首時，忍不住不約而同地站起來，向全班鞠躬道歉，班長則趁機要他們握手言和。

第二天，二人不約而同地買了糖果請全班，並再次向大家致謝並道歉。我在想：「讓他們傾聽全班共同的心聲，其效果應該比老師的說教強多了吧！」

案例三：引導學生自己解決問題

故事中的美華，曾因白鞋子髒成灰濛濛的一片，而被教官誤會，要記她一支「警告」。導師故意問她：「妳覺得該怎麼辦才能解決問題？」讓她自己想辦法，老師再幫她。其主要目的是要讓學生自己解決問題，培養其自主負責的態度與能力。

❋ ❋

我曾任教臺北市某國中的國二班，有天傍晚，有學生來報告，說阿福在哭，因為他英文又考個位數，被英文老師打手心，罵他：「白痴！」還罰他每天放學後罰站一個小時才准回家，直到英文小考成績及格為止。

我連忙找阿福來，安慰他說：「老師比任何人都了解你，你絕對不

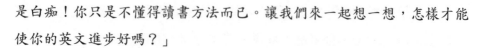

是白痴！你只是不懂得讀書方法而已。讓我們來一起想一想，怎樣才能使你的英文進步好嗎？」

我問他：「其實你很想用功對不對？」他猛點頭。「那你覺得最大困難是什麼？」「不會唸！」「那怎麼辦？」他想了想，說：「英文老師有錄音帶，但她不准我們借回家！」我說：「如果只是借到導師辦公室呢？」他回答：「我想應該可以！」

經過我們的商量結果，由我提供錄音機，並代他向英文老師求情，讓他每天放學得以不用罰站，直接到導師辦公室來，而他負責向英文老師借錄音帶，並答應我每天放學後在我的辦公室用功，背不完當天的進度絕不回家！

兩天後，來了個志願者阿志，從此兩人一放學就到我的辦公室，一起聽英文錄音帶，接著輪流誦讀，輪流背給對方聽……。結果效果良好，兩人的成績進步驚人，連英文老師都刮目相看，到後來還演變成全班有一大半人都志願留校……。

以上事例也是引導學生自己解決問題，由於是學生自願的，而非由老師幫他做決定，他更是心甘情願地去做。此舉，也可以培養孩子自主負責的態度與能力。

 挑戰性問題

1. 您是否同意本節「校園故事」中教師之各項作法？是否有其他補充或不同意見？

2. 針對上述三個案例，您有何心得？或有其他相關的案例可提出來分享？

3. 您認為「理想班級」的條件應包括哪些？

4. 您認為教師應該培養學生們哪些「必要的技能」？

5. 除了上文中三項「障礙物 vs.增強物」外，還有哪些是在班級經營中必須重視的項目？

6. 您認為班會對於教師與學生，還有什麼其他的好處？

7. 沒有經過輔導或不成熟的班會，常呈現：人多嘴雜、花費很多時間、議而不決、決議的事情沒有建設性等缺點，以致於讓一些教師「望而卻步」。您如何改進上述缺失？

8. 為落實本節「積極管理模式」的各項主要原則，應有的基本理念和配套措施為何（例如：a.教學目標，b.教學內容，c.教學方式，d.教學活動，e.學習型態，f.補充教材，g.教具媒體，h.教學評量，i.學生輔導，j.師生關係，k.親師關係，l.班規建立，m.班級組織運用，n.班級氣氛經營，o.教室環境營造，p.校園危機處理等方面）？試擇其一二項論述之。

 ## 教師妙錦囊

妙錦囊一：培養孩子對自己行為後果負責的良好習慣

　　教師應培養孩子自我負責的好習慣，此舉不但能使學生有擔當、有責任感，也能使之養成「行有不得，反求諸己」的光明心態。由於勤於反省改過，不但有助於個人的進德修業，更由於不遷怒怪罪、不怨天尤人，心態平衡，也將為社會增添不少祥和之氣，功德無量！

妙錦囊二：培養孩子養成良好的生活習慣

　　故事中的美華，刻苦耐勞、孝順體貼、不卑不亢、不貪不怨，有許多優點，相處愈久，愈受到同學的肯定。但她也有一些不良的生活習慣，就因為常蓬頭垢面、一身邋遢，差點毀了一樁美好的姻緣。因此，教師應培養孩子養成良好的生活習慣，將使孩子一生獲益無窮！

妙錦囊三：教導孩子學習成熟的人際互動技能

　　「人際關係」往往是一個人事業成功與否的關鍵。教師應從小就教導孩子透過對話、分享、傾聽、合作、協調，以及衝突解決等，從中學

習到能謹守人我分際，從「互相尊重並包容體諒他人的缺點」，更進而能「欣賞並學習他人的優點」，培養孩子更融洽和諧的人際關係。

妙錦囊四：在班上實施「優點轟炸」，引導孩子見賢思齊

每一個學生都渴望得到同儕的肯定與讚美，「優點轟炸」不但能使受者找到自己的優點，從而建立起自信心，又能使施者只見他人優點，從而見賢思齊，養成正向光明的人生。而相互回報的結果，班上氣氛也將更融洽和諧。導師可利用班會課經常實施。

妙錦囊五：教育孩子「聽其言、觀其行」

所謂「以言取人，失之宰予；以貌取人，失之子羽」，第一印象也是，很容易失真。教師應教育孩子「聽其言，觀其行，察其所安」，以免被事實蒙蔽、好歹不分，或為一時偏見所囿、錯失賢良，或為花言巧語所迷、引狼入室，遺憾終身。

第三節　培養解決問題的能力

~以「友善待人」及「為對方設想」的心態創造雙贏

嘎色克爾（E. Gathercoal）【慎思型紀律模式】：
教師應創造一個培養孩子們公民素養的環境

校園故事

　　黃老師一向認為：「教育的目的，在於培養友善待人和負責認真的做事態度，並鼓勵孩子擁有解決問題的能力。」最近她班上有兩名學生發生狀況，她覺得這是很好的機會教育。

　　先是小佑重傷住院，黃老師去醫院探望，看他遍體鱗傷，真的很不捨。原來是在上週日，小佑在夜市閒逛，突然被人猛撞了一下，對方是個小混混，不但不道歉，還瞪他一眼，小佑很不爽，罵了對方一句，不料小混混立刻以手機召來同夥三、四人，把他痛扁一頓後，揚長而去。

　　接著小斌也出事了。原來是小斌與祖父一起搭計程車時，祖父與司機發生言語衝突，被趕出車外，並意圖動武。小斌為了保護阿公，與司機扭打，雙雙掛彩，最後鬧進警局，幸好傷勢都不嚴重，和解了事。

　　第二天，小斌帶傷來學校，黃老師問他：「怎麼了？」他才說出整個事實經過，但黃老師沒有責備他，只是上課前，特別徵詢他：「想不想將這件事跟同學們談談？」他同意了。

　　當他上臺報告完畢之後，黃老師將這件事與「小佑重傷」那件事，一併提出來跟大家一起討論。她首先提到，在《優秀是教出來的》（*The Essential 55: An Award-Winning Educator's Rules for Discovering the Suc-*

cessful Student in Every Child）這本書中，其中班規第 37 條：「如果有人撞到你，即使不是你的錯，你也要說對不起。」也提到：「在學校，一個小小的碰撞常常會導致世界大戰，這條班規就是為了化解那種爭端。」此時，黃老師請同學們發表意見。

小偉不以為然：「如果錯不在自己，幹嘛還要道歉？」

黃老師問：「你們覺得呢？」

小明說：「老師常常告誡我們『退一步海闊天空』，其實很有道理！報上曾經登載，有一個年青人，有一天到 KTV 唱歌，出來洗手時被人碰撞，對方還罵他，於是一言不和，大打出手，對方不是他的對手，被打得落荒而逃，他覺得很得意。不料當他準備離開時，中了對方的埋伏，其中一人冷不防掏出一把扁鑽，刺中他的心口，這個年青人當場就掛了。」

小倩也發言：「我也在報紙上看過這則新聞。還在聯合報看到這樣的讀者投書：他說有一天他停好了車，從停車場出來，突然被人重重地碰撞一下，對方不但不道歉，還狠狠地瞪他一眼，這位讀者是位與世無爭的人，不但沒有生氣，還跟對方說對不起，對方不吭一聲，就離開了。直到第二天他打開電視，看了警方所公布的照片，才嚇得冷汗直冒，原來對方就是警方正在通緝的槍擊要犯，自己真是與死神擦肩而過！」

✻ ✻

黃老師說：「非常感謝小明和小倩提供兩則發人深省的真實案例。小偉的疑問也很合理，一般人也都這麼認為：『錯不在我，為何要道歉？』其實，經常對人說對不起，不但顯出自己的教養，也能保護自己逢凶化吉，所謂『身體髮膚，受之父母，不敢毀傷，孝之始也』，像這次小斌和小佑受傷住院，雖然不一定全是他們的錯，但為了一時的意氣之爭，不但自己受傷，還讓他們的父母、親人擔心，你們覺得值得嗎？」

　　小元舉手發言：「小明剛剛說的：『退一步海闊天空』，以及老師曾經告訴我們：『每一個人的生命都很寶貴』，基本上都沒有錯，但小斌是為了保護阿公才受傷，難道這也錯了嗎？」

　　黃老師：「各位有什麼看法？」

　　小芳說：「我覺得應該有更好的方法。有個故事是這樣的，有對中年夫婦一起搭計程車，不料計程車司機很惡質，又是闖紅燈、又是超速、又是超車的，真是險象環生。他不但不聽勸告，而且粗聲粗氣，直誇自己的技術有多高超。男乘客很生氣，眼看戰爭一觸即發，這時女乘客開口了，她嘆了一口氣，幽幽地說：『我最近不知道怎麼搞的，一連三天都做惡夢，夢見死去的外公和外婆就站在路口，一直向我招手……』司機一聽，嚇得連忙減緩速度，再也不敢超車和闖紅燈了。」

　　老師說：「小芳說的好，而且提供的故事也很有意義，它至少帶給我們兩個意涵：一是不要與對方正面衝突；二是遇事要冷靜面對，以自己的聰明智慧來解決紛爭。至於如何智取，就要靠我們的隨機應變，基本上一定要先釋出善意，並且能設身處地為對方著想，而不要像最近報紙登載的那位老先生一樣，因司機走錯路繞道，氣得他打了司機一拳，司機氣不過，趁他下車時倒車撞死他。結果是一死一坐牢，雙方都沒有贏家。如果當時小斌一邊勸阿公不要生氣，一邊向對方釋出善意，扮演雙方的潤滑劑，而不是一起仇視對方，這樣的結果會不會更好？」大家一致點頭，都覺得老師說的很有道理。

✽ ✽

　　幾天後，小甄在週記上寫著：

　　　「今天是星期六，我回外公家，外公和外婆經營著一座玫瑰花園，滿園春色，紅的、白的、粉紅的，美不勝收，每次我

一到那裡，就不禁心花怒放，留連忘返。

不料，今天一回去，就聽見外公大聲怒吼，拿出球棒說要跟對方拼命，外婆勸他不聽。原來是有七名青少年，在花園裡面跑來跑去，互相嬉戲，任意踐踏破壞，驅之不去。

怎麼辦呢？這時腦海裡突然靈光一閃，我想到老師的話，於是我先請外公冷靜下來，由我來處理。我走了過去，面帶微笑，很親切地對他們說：

『各位大哥哥，請小心！這座花園前天才灑了農藥。我阿公看你們進進出出，好緊張喔！又怕你們中毒，又怕你們被玫瑰花刺刺傷，請趕快出來好嗎？』

想不到，那群青少年聽了，二話不說，果真一個個自動離去。真是太棒了！」

黃老師看了，不禁露出會心的一笑，真是「孺子可教也」，等一下在課堂上，非要好好地讚美她一頓不可！

 班級經營理論

嘎色克爾（E. Gathercoal）【慎思型紀律模式】

嘎色克爾是美國奧瑞崗州立大學名譽教授，專長是教育法學，曾在該校任教二十年以上。他曾擔任過中小學教師、教練，以及公立高中副校長。他的代表作《慎思型紀律》（*Judicious Discipline*, 1987）十分暢銷。他也經常到全國各地輔導慎思型紀律理論的教師工作坊；其理論要點如下。

1. 教育專業倫理

   (1)教師應公布個人的教育專業理念之聲明，包含可接受的師生行為標準，讓學生和其他教師了解。

   (2)應透過以身作則和適當授權，幫助學生學習獨立思考、自我決定並自我負責。

2. 憲法上的權利

   (1)教師應創造一個培養公民素養的環境，特別是尊重美國憲法權利法案中的自由、平等、正義等基本人權，讓學生習得應具備的權利與責任。

   (2)學生的行為應與群體的福祉和需求相互平衡；需考量「注意安全、保護財產、努力向上、尊重他人」等四個面向的權利與限制。

3. 民主式的班級環境

   (1)在班級環境裡，學生是自由、自主的，但必須先展現對他人的尊重。

   (2)在民主式班會裡，老師是領導者，但鼓勵同學為自己設定目標，並去思考、做決定如何達成目標。

   (3)學生犯錯時，對學生說的第一句話應該是「詢問」（例如：「怎麼了？」、「想不想談談？」），而不是斥責或興師問罪；必須處罰時，應以「學生能學到什麼？」為著眼，給予學生個別不同的處罰方式。

（參考自張民杰，2011：362-364；單文經等譯，2004：347-378）

案例參考

案例一：幫助學生學習獨立思考

　　故事中的兩名學生，處理事情的態度及方法不夠理性，因而受傷，但黃老師並不因此在班上大肆痛責怒罵，而是引用《優秀是教出來的》一書中的班規為例，要大家一起討論。尤其是同學有不同意見時，黃老師既不斥責也不反駁，而是以「你們覺得呢？」、「各位有什麼看法？」等提問方式，以及「你們覺得值得嗎？」、「這樣的結果會不會更好？」等討論方式，幫助學生學習獨立思考，鼓勵孩子自我決定並自我負責，有解決問題的能力，而不是只會服從老師的指示。

❀❀❀❀❀❀❀❀❀❀❀❀❀❀❀❀❀❀❀❀❀❀❀❀❀

　　黃老師的確最擅於營造出整個班級「自動自發、自主負責」的氛圍，希望人人都能「獨立思考，成為自己生命中的主人，對自己的行為負責」。

　　例如：她班上有位學生想刺青，黃老師會問他：

　　「你為什麼想刺青？」

　　「很酷啊！很炫啊！別人會多看我一眼。」

　　「還有呢？」

　　「因為我參加的社團有好多人刺青。」

　　「如果你不去刺青，會不會有人嘲笑你沒有種？」

　　「會！」

　　「因為大家都刺青，因為同儕的壓力，你只好也去刺青，那你的自主性在哪裡？」

　　「這……」

　　「所以你要考慮清楚，如果你的朋友沒有人刺青也沒有人慫恿，你會去刺青嗎？你能弄清楚這是自己百分之百的意願嗎？你已經評估過這件事所帶來的種種後遺症，並願意承擔所有的後果嗎？包括會不會細菌感染？父母師長會不會很不諒解？以及將來如果遇到心儀的對象，女孩看你身上有刺青，會不會把你當成黑道而敬而遠之？還有就是將來萬一後悔，要如何去除？去除過程會不會很痛？如果這些你都想清楚了，你還是覺得可行，那你就去做吧！

　　其實老師只是要你告訴自己：『我要做自己的主人，這件事是我經過深思熟慮，是我聽到自己內在聲音所做的決定，而不是外在的那些干擾因素所造成的。我願意為我所做的決定承擔任何後果。』」並要該生回去想清楚。

　　幾天後，該生來報告老師：「我覺得刺青很無聊、很幼稚，不想去了！」

案例二：培養公民素養

　　培養公民素養包括許多方面，例如：自由、平等、正義等基本人權，以及「注意安全、保護財產、努力向上、尊重他人」等四個面向的權利與限制。而故事中的黃老師與同學們討論的重點，特別偏重注意安全與尊重他人等兩個面向。

　　例如：黃老師說：「……經常對人說對不起，不但顯出自己的教養，也能保護自己逢凶化吉，所謂『身體髮膚，受之父母，不敢毀傷，孝之始也』，為了一時的意氣之爭，不但自己受傷，還讓他們的父母、親人擔心，你們覺得值得嗎？」（注意安全）

　　又說：「……基本上一定要先釋出善意，並且能為對方設想。……如果當時小斌一邊勸阿公不要生氣，一邊向對方釋出善意，扮演雙方的

潤滑劑，而不是一起仇視對方，這樣的結果會不會更好？」（尊重他人）

　　由此可見一斑。

✤ ✤

　　陳老師是某高中的高二導師，他今天到醫院，去探望因見義勇為而身受重傷的學生小弘。在加護病房門口，眼見小弘媽媽淚如雨下、哀哀無助的神情，他感同身受、心如刀割。他開始反省：「自己的教育方式是否出現偏差？」

　　小弘昨天放學，在回家的路上，突然聽到一個婦人的尖叫聲，回頭一看，原來是兩名機車搶匪，搶了皮包後，正要加足油門飛車逃逸，小弘立刻奮不顧身地撲了上去，把機車推倒在地，並與歹徒扭打，歹徒為求脫身，其中之一以預藏之尖刀刺向小弘，小弘慘叫一聲，頓時跌倒在地；歹徒不顧血流如注的小弘及掉落在地上的皮包，急急騎上機車，逃逸無蹤。等救護車趕到時，小弘早就因失血過多而昏迷不醒。

　　陳老師回想，自己經常在課堂上灌輸學生「見義勇為」的觀念，例如有一次，媒體報導：有一私家車駕駛，因小擦撞而被另一部車中的四名醉漢追打，他逃入火鍋店內，該店老闆娘出面勸架，反遭四名醉漢圍毆。該店旁邊，正是計程車休息站，百名以上的司機在店外圍觀，竟無人施以援手。幸虧老闆娘的兒子及在附近開店的姊姊、妹妹聞訊趕來，拼死抵抗，老闆娘才倖免於難，但早已遍體鱗傷。陳老師義憤填膺，在課堂上大肆痛批那群圍觀的司機：「真是一群冷血動物！」。

　　又有一次，陳老師在自家門口，見兩名身材高大的醉漢，因細故正毆打一名瘦弱男子。雖然里長告之：「早已報警。」但警察遲遲不來，陳老師恐有不測，於是挺身前往解圍。不料該男子趁隙逃走後，兩名醉漢竟然改變目標，一起圍毆他，幸好陳老師有功夫底子，拼命抵抗，只受輕傷。而當時街坊鄰居看熱鬧的一大堆，只會作壁上觀，議論紛紛，

令他大失所望；姍姍來遲的警察居然還責備他：「你太好管閒事了！」更令他為之氣結。甚至事後，同事也勸他：「還是要量力而為，不宜逞匹夫之勇。」他不禁大嘆：「這社會的公理正義何在？」

可是後來有一次，當他從新聞媒體獲悉：有位高爾夫球好手，正當前程似錦時，有一天在深夜街頭，為了公共安寧，出面勸阻兩名喧鬧不休的醉漢，竟遭圍毆致死，遺下悲慟萬分的妻子與兩名稚齡子女。陳老師不禁為之扼腕嘆息：「太不值得了！」同時也暗自為當年的自己捏把冷汗，如果當年也因見義勇為而遭兩名醉漢圍毆致死，不但將有「白髮人送黑髮人」之慟，也將使愛妻稚子流離失所，想必在九泉下也死不瞑目吧！

尤其當他讀到蘇東坡在「留侯論」裡的一些話：「……千金之子，不死於盜賊，何者？其身之可愛，而盜賊之不足以死也。」更是恍然大悟：死有重如泰山，有輕如鴻毛，如果把自己有用之身、無價之寶的生命，交付給誤入歧途的歹徒手中，除了讓歹徒又增添一項罪孽外，又有什麼意義呢？

當醫院傳來「小弘因氣胸而生命垂危」的消息時，陳老師激動得當眾落淚，他哽咽著向全班同學致歉：「對不起！老師不該一直灌輸給你們『見義勇為』的觀念，小弘若是有三長兩短，老師將如何對得起他的父母！」

所幸「天道無親，常與善人」，幾天後，陸續傳來兩個好消息：一是小弘的傷勢漸漸轉危為安，已移出加護病房，而遭搶之婦人，也曾幾次帶水果禮盒前去探望；另一消息是逞兇的兩名匪徒已被警方緝獲，將之繩之以法。當陳老師報告這兩個好消息時，同學們都喜形於色、額手稱慶。

但陳老師依然在黑板上寫下了八個大字：「見義勇為，適可而止」，並特別交代同學們：「凡事過猶不及，太冷漠無情固然不對，但太奮不

顧身、完全不顧慮到自身的安危更加不可以！請同學們還是要先把自己的寶貴生命擺在第一位。」

以上故事發人深省。

創造一個培養公民素養的環境，固然要讓學生習得應具備的權利與責任，尊重自由、平等、正義等基本人權外，還是要顧及「注意並維護自身的安全」。

案例三：民主式的班級環境

例如：故事中的小斌，因與計程車司機打架而受傷，黃老師了解整個事實經過後，並沒有責備他。只是在上課前，徵求他的同意後，提出來跟大家一起討論，可見她對學生的尊重。在這樣的班級環境裡，學生是自由、自主的，是受到尊重的，而不是動輒得咎，經常受到老師的斥責或興師問罪，甚至語言暴力。

✿ ✿

多年前，臺北市某國中有位蔡主任，有一次巡堂，發覺二年三班的小倩在上課時趴在桌上呼呼大睡。她覺得很訝異，於是下課時找她來訓導處。

有修養的蔡主任，和顏悅色地問她：「孩子，有什麼困難，需要老師幫忙嗎？」不料一問之下，小倩淚如雨下。

原來，小倩是九二一大地震的受災戶，全家人包括父母兄姊都已經罹難，只剩她一個孤女倖存，被送往臺北親戚家安置。

但小倩在新環境中很不能適應，尤其每到晚上，只要一闔眼，就恍惚看見父母兄姊罹難時的身影，因而輾轉難眠，經常睜著眼睛到天明。只有上課時間，在同學們的琅琅書聲中，才能讓她覺得很有安全感，可

以安心入眠。

　　這聽得蔡主任也不禁流下淚水。為此主任緊急召開訓導會議,請導師及各任課老師,盡可能地多多照顧她。

　　後來,蔡主任在巡堂中又發現兩個「晝寢」的案例:一個是整夜沉迷於網路遊戲的迷途羔羊;另一個是協助單親媽媽賣早餐的寒門孝子。蔡主任也都是先詢問他們,聆聽他們的心聲,再做適當地輔導及協助。

　　蔡主任這種尊重孩子的民主作風,值得取法。對任何犯錯的孩子,都要先詢問他(例如:「怎麼了?」、「想不想談談?」),而不是先斥責或興師問罪,這才能打開他們的心防,對症下藥,積極而有效地幫助他們。

 ## 挑戰性問題

1. 您是否同意本節「校園故事」中教師之各項作法?是否有其他補充或不同意見?

2. 針對上述三個案例,您有何心得?或有其他相關的案例可提出來分享?

3. 您個人的教育專業信念是什麼?試擬一份聲明。

4. 學生需考量「注意安全、保護財產、努力向上、尊重他人」等四個面向的權利與限制,請問這四個面向在校園內,實際的內涵是些什麼?

5. 多數學生在學校的違規行為,並不是打架鬧事,而是像上課時交頭接耳、任意走動、擾亂上課秩序等。如何將這個議題從師生的「權力對抗」,轉化為師生的「共同合作」,以解決衝突?

6. 什麼是「民主式班會」?您是否願意遵守民主式班會所做成的決議?

7. 「慎思型紀律模式」主張,當學生發生不當行為時,老師第一句話是「詢問」而不是興師問罪或責備。請問第一句話應該問些什麼?請操作一下。

8. 為落實本節「慎思型紀律模式」的各項主要原則,應有的基本理念和

配套措施為何（例如：a.教學目標，b.教學內容，c.教學方式，d.教學活動，e.學習型態，f.補充教材，g.教具媒體，h.教學評量，i.學生輔導，j.師生關係，k.親師關係，l.班規建立，m.班級組織運用，n.班級氣氛經營，o.教室環境營造，p.校園危機處理等方面）？試擇其一二項論述之。

 ## 教師妙錦囊

妙錦囊一：幫助學生學習獨立思考、自我決定並自我負責

　　學校生活中的許多活動（包括：園遊會、畢業典禮及班級活動），是訓練學生自主負責的最好時機。教師應放手讓他們自行規劃，師長們只扮演資訊提供者及問題反思提問者的角色。讓他們在嘗試錯誤中獨立思考、自我決定，並接受決定後的結果。如此一來，不論成敗，學生將因「親身經歷」，而獲得寶貴經驗，並學會獨立自主、自我負責。

妙錦囊二：創造一個培養公民素養的環境

　　教師應以「身教」及「言教」，創造出一個培養公民素養的環境，讓學生充分地從自由、平等、正義等基本人權中，學到應具備的權利與責任，例如：自由是以「不侵犯他人自由」為自由；眾生一律平等；人人都有伸張正義的道德勇氣等，讓校園成為一片真正的人間樂土。

妙錦囊三：創造一個民主式的班級環境

　　在民主式的班級環境裡，學生是自由、自主的，也懂得尊重他人。但前提是：老師必須以身作則，例如：有雅量尊重學生不同的意見。尤其是學生犯錯時，應先「詢問」他，給孩子解釋的機會，再冷靜而親切地因勢利導，讓學生自動改過向善，而不宜動輒大聲斥責，以免既傷害學生自尊，造成師生對立，又剝奪孩子自主負責的機會。

妙錦囊四：培養孩子友善待人的態度

學生在學校受教育，最大的目的在於學「做人」，而非讀書。尤其是十二年國教實施後，升學壓力減少了，教師更應把重點擺在「教導孩子和諧的人際關係」上，例如：要教導孩子偶而遇到一些小碰撞、小磨擦，即使錯不在我，仍然得向對方說對不起，這樣不但能顯出自己的教養，也能保護自己逢凶化吉。這種友善待人的態度，才能使孩子一生受用不盡！

妙錦囊五：培養孩子解決問題的能力

教育的另一個大目標，在於培養孩子解決問題的能力。遇到人事紛爭，能將心比心，為對方設想；遇到棘手問題，要冷靜以對，除設法運用聰明智慧以解決難題之外，也懂得利用所有資訊及一切管道向外界求援，而非一味蠻幹，以免擴大事端。這也是教師們不容忽視的課題。

Chapter 2

引導多元適性發展

　　我國的傳統觀念：「萬般皆下品，唯有讀書高。」取才的標準只靠「科舉」、「考試」，特別是「紙筆測驗」。如今的社會，講究的是「適才適所」、「行行出狀元」，因此，十二年國教的第二大目標即是「引導多元適性發展」。

　　根據嘉納博士（Dr. Howard Gardner）的「多元智能說」，人類的個性發展有下列八大智能：語文、數學、音樂、藝術、肢體、人際、自省，以及自然觀察。許多不擅「念書」的孩子，其實也有其他不同的潛能特長。

　　一位稱職的教師，如能引導學生們「多元發展」、「多方嘗試」，適時提供各種機會，幫孩子找到興趣，使其潛能得以發揮，以謀求自我的充分發展，因而過著亮麗的「自我實現」之人生，將是功德無量！

　　本章第一節「廢物還是人才」，旨在提醒教師，切忌有狹隘偏執的觀念，誤以為不擅念書的孩子就是「廢物」，以免扼殺了孩子的一片天空。

　　第二節「同儕互動，引發無限潛能」，因為教師的明智，懂得鼓勵學生「多元學習」、「適性發展」，於是才能造就一位音樂人才。

　　第三節「黑手也有一片天」，旨在建議學校，能否整合校內外資源，透過不同管道，提供學生多元學習機會，以便有助於學生的成長與探索。

第一節 廢物還是人才

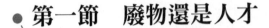
~每個孩子都是無價之寶，都有無限的可能

金納特（H. Ginott）【和諧溝通模式】：
教師個人的態度和方法，絕對可以決定班級的氣氛

 校園故事

有一天晚上，有個學生結婚，我到某飯店喝喜酒。有個年輕人過來敬酒：「老師您好！還記得我嗎？我是○○國中畢業的小黑。」因鄰座剛好空著，我請他坐下：「對不起！我老眼昏花，不記得了！」這時他說：「老師，您那時候是我們的國文老師，我們國一時的班導師綽號叫『廢物』，您記得了吧！」

記起來了！時間過得真快，二十年前，我在該國中任教某班的國一國文課，該班導師吳老師比較年輕，不懂得班級經營，又不能以身作則，經常遲到，再加上個性暴躁、常常口不擇言，因此他的班不但「整潔」、「秩序」比賽經常是最後一名，而且除了我所任教的國文成績差強人意外，其餘各科的學業成績都是敬陪末座，連他自己任教的數學成績也不例外。

好面子的他，氣得經常在教室、辦公室處罰學生，並且大罵：「垃圾、廢物！我怎麼這麼倒霉？教到你們這群豬！……」但情況不但沒有改善，反而引起學生反彈，偷偷地幫他取了一個綽號：「廢物」。到後來，居然演變成學生跟他彼此辱罵、甚至大打出手的情事。有一次，吳老師狼狽不堪地回到辦公室，一邊破口大罵。同事問他：「怎麼樣？打

贏還是打輸？」他更勃然大怒：「幹嘛老是問我『打贏打輸』？」

✿ ✿

　　「老師，記得我們班的歌王小倫嗎？」當然記得，他的歌聲又嘹亮又動聽，可是那件事也鬧得很大。有一天，他用余天的「榕樹下」曲調改編成一首歌：「校園有個廢物老師，○○國中的恥辱……」，結果廣為流傳，大家唱得很開心，幾乎成了班歌。不料有一天被吳老師聽到了，鐵青著臉，問是誰編的，並當場找了小倫來，不由分說就甩了他幾巴掌，還踹了他幾腳。小倫氣不過，也回手了，師生扭成一團，許多同學圍觀，大喊：「加油！」……結果小倫被記了一支大過，吳老師也被調離導師的職務。

　　「記得！他的確很有歌唱天分，他現在在哪兒？」

　　「聽說出國了，好像在維也納音樂學院進修，主修聲樂……」

　　「很不錯喔！我記得貴班還有一個很會畫畫的，叫什麼來著？」

　　記得打架事件過後，他素描了一張吳老師的肖像，醜化得唯妙唯肖，上面還大大地寫了「廢物」兩個字，在同學之間傳閱，被我發現後沒收，不敢讓吳老師知道。

　　「那一定是大頭，他現在專門幫出版社畫插圖，有點名氣……」

　　「你記得他曾經畫了一張吳老師的肖像嗎？你知道我當時為什麼要沒收那張畫嗎？」

　　「知道，老師是為我們好，怕被吳老師發現後慘遭報復，很感謝老師！老師當時還說吳老師是我們的『負面』貴人，那時候不以為然，長大之後才慢慢覺得老師的話很有道理！」

　　「對了，你現在在哪裡高就？」

　　「我是高職冷凍科畢業的，現在在開個人工作室，專修冷氣，最近比較忙，工作幾乎滿檔，難得休假。不過，老師您如果有什麼需要，打

電話服務就來！」小黑邊說著，邊遞上名片。

「謝謝！收入如何？」

「還好啦！像現在暑期旺季，月入十多萬，淡季時比較差，但一家人溫飽也沒問題。」

「太好了！聽到你們都各自擁有自己的一片天空，老師真的很替你們感到高興！」

✿ ✿

在回家的旅途中，我一直想起二十年前的往事。記得吳老師被調離導師職務後，我一邊安慰他，一邊講了另一個故事給他聽：

「有個鄰居，從小到大，只要他一做錯事，他爸爸總是一頓辱罵：『廢物！我就不相信你將來會有出息！』長大之後的他，果然如他爸爸所『預言』的，的確是一事無成，最主要是他做任何事都缺乏信心。他很痛恨爸爸瞧不起他，自懂事起，就不再跟他爸爸交談，甚至連他爸爸過世，他都不願意回家奔喪，可見怨毒之深！……」

吳老師聽了之後，沉默不語。當時我又送了一本《賞識教育》的書給他，之後因彼此調校，就沒有再聯絡。

幾年前，有一次在捷運上偶遇，這時已考上主任的他，正擔任輔導工作，帶著滿面笑容，眉宇之間戾氣不再，只見一派祥和。他很感性地說：「感謝你當年的贈言和贈書，使我獲益匪淺。小弟我最近稍有長進，現在我眼裡，已經不再有『廢物』存在，每位學生都是世界上的唯一，都是『無價之寶』。」

誰說不是呢？只要永遠不放棄自己，每一個人都是無價之寶，遲早都將擁有自己的一片天空。

班級經營理論

金納特（H. Ginott）【和諧溝通模式】

　　金納特（1922-1973）生於以色列，之後到美國哥倫比亞大學攻讀學士、碩士、博士學位，是位臨床心理學家和心理治療學教授。曾主持電視節目「今天」（Today）而成為聞名人物，著有《有話慢慢說：父母如何與青少年溝通》（*Between Parent and Teenager*）和《老師如何跟學生說話：親師與孩子的溝通技巧》（*Teacher and Child: A Book for Parents and Teachers*）等書籍。雖然他並沒有組成有系統性的班級經營模式，但不能否認其理念的重要性。其主要觀點如下。

1. 和諧溝通（congruent communication）：教師應使用正向、有效的溝通，向學生表現出教師對其感受之了解和尊重，讓師生之間的溝通管道暢通無阻。

2. 理性訊息（sane masseges）：教師應使用理性的訊息來處理學生的不當行為，宜提供建設性意見，以「協助」及「鼓勵」來代替批評或處罰，且應保留其顏面，並給予臺階下。

3. 避免「貼標籤」（no labeling）：教師不應該指名謾罵，也不宜替學生「貼標籤」，且應該避免挖苦或嘲諷學生，因為這樣只會引起憤怒而不會有管教的好結果。

4. 以「鑑賞式稱讚」取代「評價式稱讚」（appreciative praise vs. evaluative praise）：教師讚美學生時，應著重於「行為的本身」（鑑賞式稱讚），而非「學生之人格特質」（評價式稱讚），例如要說：「你幫忙掃地，看掃得多乾淨！」而不是說：「你幫忙掃地，真是好學生！」

（參考自吳明隆，2012：302-305；金樹人編譯，2012：109-131；張民杰，2011：316-319；單文經等譯，2004：148-178）

案例參考

案例一：和諧溝通

　　故事中的吳老師，是個典型的負面教材！身為教師，本來就應該接受孩子的不完美，但吳老師卻肆意批評，甚至嘲諷、謾罵。換言之，他不懂得以理性的訊息來處理學生的不當行為，他的學生不但感受不到被「接納」、「了解」和「尊重」，還要被貼上負面的標籤。師生之間無法和諧溝通，當然會引起學生激烈的反彈，搞得師生對立、水火不容，最後以「難堪」收場。

　　所幸，後來吳老師不但願意接受逆耳忠言，而且能自我反省。幡然悔悟之後，既不再「誤人子弟」，又能自我成長，可喜可賀！

　　但願天下每一位老師，都能以無比的愛心，鼓勵孩子努力發掘自己的潛能特長，切忌動輒辱罵、一味否定，以免引起反效果，傷害自己也貽害孩子的一生！

＊＊＊＊＊＊＊＊＊＊＊＊＊＊＊＊＊＊＊＊＊＊＊＊＊

　　臺南市某國中，有個學生小銘，國一時每門功課都很差，只有球類運動表現不錯。國二上學期參加班際桌球比賽，當時他的運氣很背，抽籤的結果，第一輪遇到的對手竟然是上屆的冠軍，他心想：「這下完了！」他就像小蝦米對抗大鯨魚般的緊張上場，果然，一連兩局都輸得奇慘。

　　這時，他的導師李老師出現了，趁空上前跟他握握手說：「你壓力很大，我了解；但你的發球技巧很好，尤其是左旋球，可以再蹲低一點。」並鼓勵他：「你的殺球很有威力，老師看好你，儘管放心大膽，一有機會就殺，不要管輸贏！」「可以忽左忽右、忽長忽短。」小銘聽了十分窩心，心想：「拼了！大不了輸球而已。」於是全力以赴，不但

戰術靈活變化，而且一逮到機會就猛力殺球，搞得對方慌了手腳，頻頻出錯，小銘居然以 21 比 16 贏得了第三局，到了第四局、第五局他也力拼險勝。球賽結束的剎那，他不可置信地雀躍歡呼。接著，已經找到自信的小銘過關斬將，一路贏到底，終於獲得了冠軍的獎杯，從此他走路有風了呢！

但是，他的學業成績仍然不見起色。有一天他想休學，李老師特別找他個別談話，語重心長地告訴他：「讀書和打球一樣，都要講求方法，並且要全力以赴！」除了鼓勵他繼續努力外，還指導他各科的讀書方法，並且告訴他：「有任何困難，都可以找老師。」小銘感激之餘，不但打消休學的念頭，而且下定決心：「拼了！」果然從此以後功課日起有功。

目前行將大學畢業的小銘，一直很感激李老師這位貴人，有愛心又有智慧地教導他、協助他，改變了他的一生。

案例二：理性訊息

臺中市有一位國小教師陳老師，新接了一個三年級的班級，發覺小婉曾有過「偷竊」的不良紀錄，而富於同情心的陳老師不但沒有歧視她，反而盡力幫助她、輔導她，經常找她聊天，給她溫暖。

原來小婉的身世很可憐，爸爸過世，媽媽離家出走，她和祖父住在一起，過著貧困的生活。小婉功課不好，但掃地很用心，有一次陳老師在課堂上誇讚她，她竟然掉下喜悅的淚水；小婉很想念媽媽，陳老師答應收她做乾女兒，她又高興地流下眼淚；小婉羨慕同學可以去補習班補英文，而陳老師不但幫她補習功課，還特別教她英文。

只是有一次班上的同學掉錢，陳老師私底下問小婉：「是不是妳偷的？」她當場飆淚，並堅決否認。事後證明，真的不是她偷的！還好當時沒有「屈打成招」。

現在的小婉，是某大學外文系的學生，凡是例假日沒有打工的時候，總會來陳老師家，還會高興地大叫：「乾媽，我回來了！」像陳老師這樣的愛心與慧心，懂得傳達理性的訊息，委實令人敬佩！

身為教師，如何對待有不良紀錄的學生？是否要將他列入黑名單，對他心存偏見，讓他永遠抬不起頭來？當然不是！所謂「學生有犯錯的權利，老師有輔導的義務」，當老師的不但要接納學生，而且還應儘量協助和鼓勵學生，引導其改過遷善才是。

案例三：不亂貼標籤

新北市某國中，有位教理化的張老師也有類似「貼標籤」的情形。其實她的教學非常認真，但學生考出來的成績總不理想。恨鐵不成鋼的她，經常口不擇言：「笨蛋！」、「豬腦袋！」對於學生一臉受傷及悻悻然的眼神，她總是視若無睹，只知道自己愈來愈不受到歡迎，她也愈教愈沒勁。

直到某個週六的清晨，她陪老公到政大後山去爬山，迎面走來一對緩步下山的父子，那年約十歲的男孩，一不小心，腳底一滑，跌坐在石頭上，只見他立刻起身，拍拍屁股，繼續前進。她正想為這孩子的勇敢表現加以喝采時，不料卻聽到孩子的父親厲聲斥責：「笨蛋！這樣也會跌倒！」她內心大不以為然：兒子願意陪你爬山，已是天大的福分！只因孩子滑了一跤，就毫不留情地在陌生人面前，聲色俱厲地大罵他笨，何其殘忍！對孩子的心靈是多大的傷害！

當她一邊爬山，一邊批評「剛剛那位父親的不是」給自己老公聽時，突然暗自悚然一驚，自己還不是一樣：只因孩子考不好，就毫不留情地在全班同學面前，聲色俱厲地大罵他們：「笨蛋！」、「豬腦袋！」何其殘忍！對孩子的心靈是多大的傷害！她愈想愈慚愧。後來她當眾向全班同學道歉，發誓不再給同學亂貼標籤。

　　說也奇怪，自從她能接納孩子的不完美，並能了解和尊重孩子的個別差異後，上課氣氛反而愈來愈好，學生願意親近她，全班功課也愈來愈有進步！

 ## 挑戰性問題

1. 您是否同意本節「校園故事」中教師之各項作法？是否有其他補充或不同意見？

2. 針對上述三個案例，您有何心得？或有其他相關的案例可提出來分享？

3. 「鑑賞式稱讚」與「評價式稱讚」如何分別？試舉例說明之，並說明各有何優缺點？

4. 「和諧溝通」的要領是什麼？如何有助於師生之間有良好的互動與感情？

5. 什麼是「理性訊息」？請舉例說明之。

6. 現代的校園內，老師會替學生貼哪些「標籤」？會有什麼害處？

7. 若您自覺很敬業，但一直很不受到學生歡迎，請問該如何突破這種困境？

8. 為落實本節「和諧溝通模式」的各項主要原則，應有的基本理念和配套措施為何（例如：a.教學目標，b.教學內容，c.教學方式，d.教學活動，e.學習型態，f.補充教材，g.教具媒體，h.教學評量，i.學生輔導，j.師生關係，k.親師關係，l.班規建立，m.班級組織運用，n.班級氣氛經營，o.教室環境營造，p.校園危機處理等方面）？試擇其一二項論述之。

教師妙錦囊

妙錦囊一：鼓勵讚美，可以激發孩子的無限潛能

　　一個人的潛能無限，但大部分的人都信心不足。身為教師，若能適時給予讚美和鼓勵，往往會使學生的信心大增，激發出無限潛能來。

妙錦囊二：亂貼標籤，害人傷己，百害而無一利

　　教師應避免為學生貼上負面標籤、指名謾罵，不但有傷孩子的自尊，也將使學生離心離德，有百害而無一利。

妙錦囊三：接納其短處、放大其優點，每個孩子都有一片天

　　每個孩子都有其長處及短處，教師應先接納孩子的短處，讚美並擴大其長處，等孩子有了自信之後，再鼓勵其努力改善自己的缺點，其效自顯。

妙錦囊四：了解他的感受，尊重他的意見，就能擄獲孩子的心

　　每一個學生都渴望得到老師的了解與尊重。當老師的應放下身段，經常接近孩子，用心傾聽其心聲，尊重其想法，必能擄獲孩子的心。

妙錦囊五：即時伸出援手，搶救孩子的一生

　　孩子年輕識淺，往往會做出一些糊塗事，需要教師適時伸出援手加以引導，很可能一席關鍵的話，就足以改變孩子的一生。想想看，老師的協助及鼓勵有多重要！

第二節　同儕互動，引發無限潛能

～多元發展、多方嘗試，良師、益友造就「天才」

亞伯特（L. H. Albert）【合作式管理3C模式】：
教師應讓學生感到有能力、有貢獻，且是被班級全體接受的

 校園故事

三十年前，鄰居小方只不過是一位靦腆內向、臉色蒼白，整天沒事就抱著吉他，沉浸在音樂旋律裡的高中生；三十年後的今天，他已經是享譽國際的知名學者，又是新北市某知名大學的音樂系系主任。

某日在某飯店喜宴上偶遇，我推崇他是音樂天才，早年憑著一把吉他在國外當家教，就能支付留學費用綽綽有餘。此時，方教授卻謙稱：「其實人人都是天才！」接著他講了一個寓言故事：

在某個村落，有個獵人發現了一群小雞當中有一隻是鷹，他告訴雞媽媽：「這是一隻鷹！」雞媽媽不相信：「不對！那是我的孩子。」他告訴那隻鷹這個事實，鷹卻說：「不可能！我是小雞。」

獵人於是把牠帶到空地，說：「你是鷹，你可以飛！」接著就把鷹高舉過頭，往空中一丟，鷹撲了兩下翅膀，就掉落地面，邁著小雞的步伐走開了。

獵人不死心，第二次帶牠到懸崖邊，把牠用力的往下拋，鷹就像一塊石頭一樣的一直往下掉，直到牠快要摔落崖底堅硬的岩石時，才在千鈞一髮之際用力地鼓動著翅膀，果然愈飛愈

快，愈飛愈高，當牠在空中盤旋一圈後，這才確定自己真的是一隻鷹。

方教授接著說：

「其實，每個人都是『鷹』，換句話說，都是天才，都有無限的潛能。但大多數人都像故事中的這隻鷹一樣，不但不知道自己的潛能，而且即使有人告訴他，他也會因為缺乏信心，不肯多做嘗試，因此往往一輩子都不知道自己具有某方面的天才，也因而庸庸碌碌過一生，實在可惜！這隻鷹幸虧遇上了獵人，獵人就是他的貴人。其實在人生旅途中，很多人都需要生命中的貴人，或者指引方向，或者鼓舞信心，或者引燃其興趣的火苗，才能把他的潛能特長給激發出來。」

❀ ❀

方教授又說：「老實說，我是比較幸運，在國中時遇到兩位貴人，從此改變了我的整個人生。」以下是方教授的自述：

「這兩位貴人，一位是國一時的同學小鄭，他幫我打開了一道興趣之門；另一位是班導師于老師，從國中開始，她就一直鼓勵我們多方嘗試，努力培養我們的『興趣』和『專長』。記得開學後的第三個星期開始，于老師就鼓勵我們利用每個星期的班會和自習課，輪流上臺做才藝表演，當時小鄭帶著一把吉他，彈奏了『月亮代表我的心』，當時的感覺是：『此曲只應天上有』，因為旋律實在太優美了。再加上于老師又是鼓掌、又是讚美的，要求他再彈奏一次，這一次美麗端莊的于老師應和著旋律，唱出美妙動人的歌聲，那時我那顆少男稚嫩的心，

興奮得簡直要炸開來似的。原來音樂可以這樣動聽，這樣令人產生幸福感。

　　從此，每次一下課，我就黏著小鄭，央求他無論如何要教我練吉他，他被我纏得沒辦法，有一搭沒一搭的教我基本指法。後來，看我不但打破存錢筒，央求他帶我到西門町，去買了把吉他和樂譜，而且還像瘋子似的，沒日沒夜地苦練，練到手指起水泡、流血，才開始認真教我，後來，甚至會帶我回家，請他在某高中擔任音樂老師的爸爸義務指點我。

　　後來我功課嚴重退步，于老師找我個別談話，她沒有責備我，只是溫柔地告訴我：『小方，恭喜你找到你的興趣，你全心投入的精神，連老師都受感動。長此以往，你將來必定能在音樂的領域上大放異采，老師預祝你成功！但是，學業是一切事業的基礎，不能偏廢。如果不能升學，你的興趣將反而成為你成功的絆腳石，為了你的將來，老師一定要盯緊你的功課，懂嗎？』

　　于老師那時把全班分為八個組，在功課方面做良性的競爭，並且賞罰分明。每一組都由功課好的同學當組長，負責指導同學功課，全組榮辱與共。當時既感激老師的關心，又怕連累同組同學，我稍為收斂，每天除了下課時間及第八節課練習吉他外，放學時間就和同組同學一起留校晚自習，溫習功課。但念茲在茲，其實都是吉他。

❀ ❀

　　後來勉強擠上某公立高中，新生訓練時，就迫不及待地加入吉他社，天啊！我簡直是如魚得水。你知道，結合音樂同好，

組織起來，課後經常在一起研究，那發電力有多強！高中三年，我過得好快樂！只要一想到吉他，連做夢都會笑。也許因為時時有快樂的情緒，所以讀書的效率特別好，同時也有危機意識，立志要考上國立大學。

結果國立大學雖然考上了，卻不是我所喜歡的音樂系，因為家人反對，說什麼『音樂又不能當飯吃』之類的話。於是，我請于老師幫忙溝通，但爸爸仍然堅持己見。于老師只好回過頭來安慰我：『沒關係！升大學後你可繼續加入吉他社。』我很感謝于老師，另一方面也更堅定我立志出國學音樂的決心，這樣他們就管不到我了。

自從在美國獲得音樂博士學位後，我就回國任教，立志要推廣古典音樂。如果說今天我還有一點小小成就的話，我覺得應該歸功於我國中時代那位好同學，還有好老師。

尤其是于老師，她的教育觀念非常正確，她主張『多元發展』、『多方嘗試』，而不完全是以升學為取向。她還主張『會玩才會成功』，還說：『只有藉助同儕互動的良性影響，互相學習、彼此啟發，才能激發出每個人的天賦潛能。』因此每天第八節課她都會留下來陪我們玩，例如：打籃球、排球、唱流行歌曲、下象棋、畫漫畫，連彈吉他、吹口琴她都行，我到現在都還很懷念她、感激她……。」

聽完方教授的故事，我得到了兩個啟示：其一、原來一位好老師的影響力有這麼大！其二、同儕互動，能引發無限潛能！

班級經營理論

亞伯特（L. H. Albert）【合作式管理 3C 模式】

亞伯特是一位為多家報刊撰稿的專欄作家、演說家、教育學教授，也曾在美國輔導服務協會所發行的影片中擔任主講人，並曾經在 CNN 電視節目中探討有關行動取向的班級經營。著有《處理孩子與學校》（*Coping with Kids and School*, 1984）、《合作式管理實用手冊》（*Cooperative Discipline Implementation Guide*, 1996）等書。她對班級經營的主要看法如下。

1. 教師應以三個 C 來幫助同學學習

   (1)有能力的（Capable）：讓學生感到有能力，知覺其在行為與學習上能獲得成功，而建立起自信。

   (2)能和諧相處（Connecting）：教師接受、傾聽與欣賞學生，增加學生的認同感，以發展師生正向關係。

   (3)有貢獻的（Contributing）：讓學生有機會參與班級事務、主持班會、相互教導，使之對班級有貢獻而有歸屬感。

2. 親師懇談法

   (1)教師宜採取謹慎、客觀、非批評式的措辭，勿使家長認為其子女無藥可救，反而應提出明確計畫，使家長了解到其子女的成功機會很大。

   (2)教師應避免與家長爭論，並應請求家長協助做得到的事，而非做不到的事。

（參考自吳明隆，2012：308-311；張民杰，2011：358-361；單文經等譯，2004：382-388）

案例參考

> **案例一：給學生成功的經驗，以建立其自信**

故事中的于老師，鼓勵學生利用每週的班會和自習課，輪流上臺做才藝表演，其目的就是要給學生成功的經驗以建立其自信。

✻ ✻

臺中市某國中有位蘇老師，當他發覺同學之間有冷漠、對立、形成小圈圈情況時，為避免問題加深，於是利用每週班會的部分時間，給同學們做「優點轟炸」活動。

每次蘇老師都會發給每位同學四張卡片，依序輪流針對四位同學，請同學們把他們的優點寫下來後，交給老師。經過蘇老師稍作整理過目後，選擇幾項較有代表性的優點當眾唸出，給予肯定及讚美，並把全班的「優點評述」分別發給那四位學生。於是，每個星期都有四位受到肯定、面露笑容的孩子，他們都會忍不住寫在聯絡簿：「想不到我會有這麼多優點，好開心喔！」、「沒想到老師和同學都這麼喜歡我！」為了不辜負同學們的讚美，他們盡力表現美好的一面。

而還沒被「優點轟炸」的同學也充滿期待，為了得到讚美，他們開始主動地對同學釋出善意，包括關懷及協助；善性循環的相互回報結果，同學之間水乳交融，成為一個凝聚力特強的班級。

以上是蘇老師鼓勵同學口說好話、肯定對方，給學生被肯定的成功經驗，以建立其自信的故事。

案例二：發展師生正向關係

　　故事中的于老師，當小鄭彈奏完吉他時，又是鼓掌、又是讚美的，並要求他再彈奏一次，還應和著旋律，唱起歌來，而且在每天的第八節課，她都會留下來陪學生玩，打籃球、排球、唱歌、下棋、畫漫畫、彈吉他、吹口琴……等樣樣都來，在在都顯示于老師懂得接受、傾聽與欣賞學生，且努力發展師生正向關係。

　　而蘇老師「當眾給予肯定及讚美」，也是接受與欣賞學生，努力發展師生正向關係的表現。

✿ ✿

　　臺中市某高職有位張老師，她的格言是：「多鼓勵，少責備」，學生在自尊心不虞受傷的情況下，敢於跟老師交心。

　　班上有個學生小萍，有一次因失戀而痛苦不堪，一度有輕生的念頭，不知不覺在週記上寫著：「路已走到盡頭了！」張老師看了，用紅筆批道：「不是路已走到盡頭，而是該轉彎了！」並立刻找小萍來談。

　　老師除了鼓勵及傾聽她盡情抒發心事外，並以體貼的心，不吝與學生分享自己年輕時失戀的往事，包括：「曾經迷戀過一位學長，卻被學長嫌棄功課不好，經此刺激，從此發憤用功，終於考取師大……」以及「曾因男朋友移情別戀而痛不欲生，直到後來遇到現在的先生，才暗自慶幸幸虧有以前的那段挫折，才有機會遇到更理想的對象」等經驗，暗示她：「每個人的生命中都會有挫折，那不是盡頭，只是提醒妳：該轉彎了。」讓小萍的心情豁然開朗，終於打消尋短的念頭。

　　張老師的成功，也在於能接受、傾聽與欣賞學生，發展師生正向關係。

案例三：避免與家長爭論

故事中的于老師，曾嘗試想說服家長：「請尊重孩子的興趣！」但家長不為所動。于老師也就不再爭論，只好回過頭來安慰學生，以免親、師、生關係緊張，得不償失。

❋ ❋

高雄某國中有位王姓同學，素行不良，平日喜好結交校內外的不良份子，欺壓善良，甚至逃學逃家，與男友午夜飆車，出入不正當場所。校方幾次通知家長，但家長一味袒護，讓訓導人員無計可施。而該名女生，每次趁父母出國，就帶不同男友回家過夜，終至懷孕。

其父事後得知，到學校興師問罪，咆哮公堂，要學校交出所有人犯，並破口大罵：「什麼爛學校？教出一堆強暴犯來！」

管理組長一時氣不過，不禁反脣相譏：「應該是你的家庭教育出了問題吧！」

「○你娘！你說什麼？」管理組長火了，也回以三字經，雙方一言不合，扭打了起來。

後來，王姓家長居然又找了幫派份子前來鬧事，最後鬧上警局，連民意代表都來關切，還上了媒體版面。

事後，管理組長被記了一支大過，並解除組長職務。校長因此特別呼籲全校教職員：「請避免與家長爭論！」

所謂「請避免與家長爭論」，並不代表身為教師者，不得與家長做任何溝通，而是溝通時，態度要誠懇、身段要柔軟、語氣要委婉和緩。避免跟家長脣槍舌劍，切忌以尖酸刻薄或嘲諷的語氣直陳家長的不是。

教師除了要懂得溝通技巧、相互尊重外，平日也要經常與家長「博

感情」，培養良好的互信基礎，盡可能不要引起爭論，這樣對孩子的影響才是正面的。

挑戰性問題

1. 您是否同意本節「校園故事」中教師之各項作法？是否有其他補充或不同意見？

2. 針對上述三個案例，您有何心得？或有其他相關的案例可提出來分享？

3. 亞伯特強調：「學生選擇他的行為，而教師有力量來影響他們的選擇。」請問：教師可運用哪些方式來影響學生做決定？

4. 教師如何透過對學生「多元智能」（multiple intelligence）的開發，讓他們感到有能力？

5. 除了上述 3 個 C 的鼓勵策略外，還有什麼方法可以幫助學生面對每一個挑戰、表現適當的行為，在學校中獲得成功的經驗。

6. 您認為教師若能營造良好的學習環境以及良善的班級氣氛，即能有效地降低或消弭學生的不當行為？為什麼？

7. 亞伯特提出了激發家長合作意願的親師懇談法，請問：理想的「親師懇談法」應有哪些目標？

8. 為落實本節「合作式管理 3C 模式」的各項主要原則，應有的基本理念和配套措施為何（例如：a.教學目標，b.教學內容，c.教學方式，d.教學活動，e.學習型態，f.補充教材，g.教具媒體，h.教學評量，i.學生輔導，j.師生關係，k.親師關係，l.班規建立，m.班級組織運用，n.班級氣氛經營，o.教室環境營造，p.校園危機處理等方面）？試擇其一二項論述之。

教師妙錦囊

妙錦囊一：只有鼓勵讚美，才能引發孩子的信心及興趣

　　正如同方教授所說的：「每個人都是天才，都有無限的潛能。」但大多數人因為缺乏信心，不肯多做嘗試，往往一輩子都不知道自己是某方面的天才。身為教師，應儘量以鼓勵及讚美的方式，鼓舞孩子的信心，才能引燃其興趣的火苗，把他的潛能特長給激發出來。

妙錦囊二：儘量給孩子多元發展、多方嘗試的機會

　　「一粒種子，只要土壤對了，種子就會發芽」，學生也一樣。只有以「多元發展，多方嘗試」的方式，盡可能給其嘗試的機會，孩子將比較容易找到屬於自己的一片天空。

妙錦囊三：同儕互動，有助於引發天賦潛能

　　同儕之間，較無隔閡，在其互動的過程中，自然會相互學習，彼此啟發，很容易把彼此的天賦潛能給激發出來。就如同故事中的同學小鄭對小方一樣，其影響也許是一輩子的，教師可善用這樣的影響力。

妙錦囊四：以欣賞及接納，發展師生正向關係

　　學生都渴望得到老師的接納與欣賞。當老師若能敞開心胸，接受孩子的不完美，並盡力挖掘及欣賞學生的優點，加以鼓勵及讚美，努力發展師生正向關係時，其結果將使得師生雙贏。

妙錦囊五：優點轟炸，讓同學們水乳交融

　　「優點轟炸」的好處，除了使同學們習於只看對方的優點外，也使同學們為了得到讚美，將主動地對同學釋出善意，並且樂於助人。善性循環的結果，同學之間定能水乳交融，成為一個凝聚力特強的班級。

第三節　黑手也有一片天

～行行出狀元，每個孩子就像一粒種子，總有適合自己的土壤

科亨（A. Kohn）【超越班級經營模式】：
教育工作者必須賦予學生自由與責任來超越規則，
讓他們自己決定適當的行為

 校園故事

有一次，我開著我那輛芳齡二十的喜美老爺車，前往士林某修車廠等候檢修。有位年輕的修車師傅見到我，很驚喜地說：「您不是陳老師嗎？您好！多年不見，還記得我嗎？我是您的學生阿傑，○○國中畢業的。」阿傑？……啊，我想起來了！

當年，我曾執教某國中，其中大約有十年的時間，年年都擔任國中三年級後段班的導師，有一天赫然發覺，年年都有好幾個中途輟學的學生。青少年心性未定，當同齡的孩子都在學校上課時，他提前輟學進入社會大染缸，所接觸的，大多數都是品行不良的青少年，不學壞也難！因此當時我立下宏願：我要我的學生一個都不少，沒有人輟學，每個人都能順利拿到畢業證書。於是我擬定：維持課堂秩序、維護環境整潔、讓學生上起課來輕鬆有趣、讓學生有學習意願等四大方針，恩威並用。果然，從此年年都圓滿達成任務。

可是，並非年年都那麼順利，有好幾年，都會遇到特別頑劣的學生，難免心力交瘁，那就是考驗老師的愛心、耐心和智慧的時候，而阿傑就

是其中一個例子。

開學第一天的第一節課，為了下馬威，我照例表演氣功。這時，有個學生很捧場，他就是阿傑。他挺身而出，揮拳猛擊我的肚子，試試我的功力；等到跟我對練「鐵臂功」（練硬氣功的一種，即互相以手臂對敲，藉以增強手臂的硬度）時，才練了兩下，就痛得齜牙咧嘴的。

第二天之後，他一連幾天缺課，我天天打電話到他家，知道他逃家。幾天之後，阿傑到學校來，我裝作不知道他離家，關心地問他：「怎麼好幾天沒到校？家裡有什麼事嗎？」他沒吭聲。我說：「下課請到辦公室來！」誰知他不但沒來，而且又逃學了。

✿ ✿

幾天之後，他終於又回到學校，這回，他爸爸也來了，幫他先前的曠課請事假，還一邊質問我，為何對他孩子口出惡言：「為什麼幾天不來上課？家裡死了人了！」好傢伙，原來是為自己的逃學找藉口，我當時直言正色地告訴家長：「如果我有講這樣的話，我就不配當老師！」家長聽了，態度軟化，顯然相信我的話。

有一次，阿傑染紅了頭髮到校，我限他三天之內染黑回來，又打電話給他家長，他媽媽說家裡也拿他沒輒，到了第四天他仍然是一頭紅髮。我沒有罵他，只是親切地攬著他的肩膀，說：「走！」他沒有抗拒，任憑我帶他到校內的理髮部，我告訴小姐：「請幫他把頭髮染黑回來！」一個鐘頭後，他來找我驗收，我當場讚美他：「好帥！這才對，之前那樣很像 ET（外星人），不是嗎？」他笑了一笑。

有一次，他帶黃色書刊到學校來，被我查獲。我告訴他：「看這種書不但有害健康，而且會引起性衝動，容易引發許多後遺症……」並問他：「讓老師沒收了事，還是交給訓導處處理？」他選擇前者，我打電話通知家長，請家長多加留意。

　　又有一次，有個學生阿源一連幾天沒來，我很奇怪，就利用課餘時間去家訪，問了半天，阿源才透露出被阿傑勒索的事。於是我載阿源回學校，並找阿傑出來，當著阿源面前告訴他：「從今以後，阿源有老師罩他，以後如果敢再欺負他，就是不給老師面子！知道嗎？還有，下次如果缺錢，可以跟老師借，但就是不准勒索別人，否則一定嚴加處罰！」

　　後來，他果真沒有再欺負阿源，卻還是去勒索他人，我知道後，找他來，問他是要記大過，還是要跟我對練「鐵臂功」十下？他怕不能畢業，寧願選擇後者。結果他咬緊牙關跟我對敲了五下後，實在痛得受不了，連忙討饒：「老師，能不能處罰別的？」於是改罰跑操場五圈，並且告誡他：「下次若再犯，加倍處罰！」從此以後，果然沒有再犯。事後阿傑的兩臂腫脹了好幾天，但他的父母並沒有來抗議。

＊＊＊＊＊＊＊＊＊＊＊＊＊＊＊＊＊＊＊＊＊＊＊＊＊

　　後來，阿傑仍舊三不五時逃學逃家，他的父母也不知如何是好。我於是對班上同學說：「阿傑最近不知道過得好嗎？你們如果有遇到他，請告訴他老師很想念他，他的爸爸媽媽也很擔心他的安危，希望他早日回家，回來上課！」這時有同學告訴我，阿傑最近跟阿豪走得很近，阿豪是上屆畢業生，家裡開修車廠。於是我下課後打電話給阿豪，請他轉告家長及老師思念之情。

　　想不到第二天傍晚，住在學校對面的阿豪突然打電話給我，說看見阿傑正被七、八個不良少年押住河堤，準備對他不利。我一聽，騎著我那部「野狼」火速前往救援，一邊拜託同事幫忙報警。

　　我趕到時，發現一群人正在圍毆一個人，我直覺認為那個人就是阿傑，於是一邊大喊：「警察來了！」一邊吹起哨子來，那群人果然如驚弓之鳥一般，立刻做鳥獸散。我扶起那個被揍得鼻青臉腫的人一看，果然是阿傑。這時，警察也趕到了。

　　在警局做筆錄時，阿傑的媽媽也趕來，一把鼻涕一把眼淚地說：「有沒有怎麼樣？他們為什麼那麼狠心這樣打你？你這孩子，爸爸媽媽對你哪點不好？你為什麼要離家出走？有這麼好的老師，你為什麼還想逃學？」就在他媽媽要帶他去醫院之前，阿傑突然回過頭，很誠懇地對我說：「老師，謝謝您！」

　　出院之後的第一天，阿傑在父母的陪同下，到學校來找我懇談，一再表示他對讀書實在沒興趣，只想學修車。他說：「其實我這段日子，大半時間都是躲在修車廠裡面，我好喜歡在那裡！」我恭喜他終於找到自己的興趣，但仍然鼓勵他完成學業。我說：「至少要讀到高職畢業，將來考證照，考科技大學，進可攻，退可守……」他聽進去了。從此以後，阿傑每天準時上下學，放學之後，再到修車廠實習，直到畢業。

　　「很感謝老師當年的包容和指點，我才能順利畢業，後來也才能進高職讀完我最喜歡的汽車修護科。對了！老師您這輛車太老舊了，也該換輛新的了，不然這樣好了，為了報答老師當年的照顧，我送您一部二手車如何？」

　　「愛說笑！怎麼敢當呢！」

 ## 班級經營理論

科亨（A. Kohn）【超越班級經營模式】

　　科亨是一位作家和教育工作者，他曾經參與美國公共電台的「今天」（Today）等節目，也上過超過兩百集的電視或電台節目，是個廣受歡迎的演說家。他對學校中之競爭問題特有見地，其著作《我們不要做無謂的競爭》（*No Contest: The Case Againt Competition*, 1986）獲頒美國心理學會卓越獎。其他的著作有《報酬式的懲罰》

（*Punished by Rewards*, 1993）、《超越常規：從順服到社群》（*Beyond Discipline: From Compliance to Community*, 1996）等書。他的觀點對班級經營的貢獻有下列要點。

1. 超越規則
   (1)教育工作者必須超越規則，也必須賦予學生自由與責任來超越規則，讓他們自己決定適當的行為。
   (2)反對行為規則，認為獎勵、壓制與懲罰等管教的技巧，都是控制人的工具。

2. 人類共同需求
   (1)自主決定：教師要讓學生擁有自我判斷、自我決定的能力。
   (2)關係歸屬：讓學生與人建立良好關係，而有自信心和歸屬感。
   (3)成功勝任：讓學生能獲得新技能、學習新事物，並且能靈活運用。

3. 社群理念
   (1)班級和學校要成為一個「社群」，讓學生在其中感受到關懷與支持。
   (2)學生的社群歸屬感愈強，會愈喜歡學校，也會愈重視學習。
   (3)舉行班會就是建立社群和處理、解決班級問題的好方法。

（參考自張民杰，2011：335-337；單文經等譯，2004：409-416）

 ## 案例參考

案例一：賦予學生自由與責任

　　故事中的老師，並未以獎勵、壓制與懲罰等管教的技巧，藉以控制阿傑，讓他在不得已的情況之下，只得來上學；而是在老師的一再包容、關心與協助及指點之下，阿傑深受感動，也接受了老師的建議，最後主

動來上學，直到畢業。換句話說，也就是教育工作者應超越規則，讓學生自己決定適當的行為。

✿ ✿

　　一進到臺北市明倫高中的學校大門，就有一條筆直的明倫大道，路的兩旁林立著高聳的非洲欖仁樹，無論春夏秋冬，新綠也罷、枯黃也罷，總是整天落葉翩翩，掃也掃不盡。尤其春雨來臨時，落葉和著泥水，可謂「滿眼春泥無盡處」。再加上路過同學隨手亂扔、各式各樣的垃圾，地屬學校門面的重要地段，卻是需要耗費許多人力、時間，最吃力不討好的外掃區。然而，只要是張凱莉老師當導師，她就會義不容辭地接下這份重責大任。每天一大早（大約六點四十分）就到校，率領著她的子弟兵，不辭辛勞地一起打掃校園。

　　她是這樣鼓舞學生的：「人生能有幾回『一次利益這麼多人，而只是犧牲半個小時的睡眠時間』就可以達成？我們應該覺得很榮幸地來承擔這份殊榮才對！而且這段打掃時光，必將成為你們最珍貴的回憶……」

　　至於老師為什麼要和學生一起打掃呢？張老師告訴學生：「我只是很誠懇地想參與你們在高中生活的任何一方面的成長，尤其是掃地。你們能為學校做的，老師也能。讓我們齊心齊力，大家一起做好事、培福氣，好嗎？」

　　「因為榮譽心的驅使，為趕著到校打掃，孩子起床快多了！」家長說。看到老師這麼用心地陪著學生，一起學習生活教育中最基本的「灑掃庭除」，當家長的看了只有感動，一大早興沖沖地趕著載孩子到校，參與打掃工作。

　　暑假期間，掃區重新分配，張老師的班已升上高三，不需要再打掃明倫道了。然而，那天正逢新生報到的第一天，昔日整潔清新的明倫大道，這時竟顯得髒亂不堪。張老師路過該地時，聽到衛生組長一直透過

麥克風喊話，希望負責的班級趕緊前往打掃，但卻徒勞無功。

眼見組長孤立無援，急得跑上跑下，張老師心有所不忍，於是趕緊跑到自己班上，徵求志願軍，並特別聲明：「純粹是個人志願，沒有任何獎勵或懲罰。」沒想到全班立即響應，紛紛帶著掃具前往支援。這時組長一個人，正手忙腳亂地收拾施工後多到掃不完的黃布條時，突然看到凱莉老師率領著大批援軍趕到，驚喜得幾乎說不出話來，感激之情溢於言表。

四十分鐘後，明倫大道又恢復往日的整潔清新。孩子們雖然一個個汗濕衣襟，卻神情愉悅，他們真正體會出義務勞動的神聖，和「為善最樂」的真諦。

善行的感染力無與倫比，尤其是對於那些心地柔軟、素有善根的人。有位老師，目睹張老師及全班同學的義舉後，大受感動，於是她一個人偷偷地去掃了一次廁所，不巧被學生發覺，她才在班上說出這件事的來龍去脈。她說：「本來我以為打掃只是一種被動的責任，從來不曾因『感受別人的苦』而主動去幫忙，凱莉老師全班同學的義行，讓我對『服務』有了全新的詮釋。」

另有一個星期天的早上，為了軍歌比賽，很多班級都到校集合練習。有位老師正在樹下等學生，突然聽到兩個學生的對話：「校園好髒！我們來撿垃圾，好不好？」「當然好啊！開始吧！」她當時好感動，心想：「這兩位同學好棒！我們的教育有救了！」一問之下，這兩位默默行善的孩子，正是張凱莉老師班上的學生！

以上是張凱莉老師將「生活教育」融入「班級經營」的點點滴滴。張老師並未以獎勵、壓制與懲罰等管教的技巧，藉以控制學生，讓學生不得不打掃。而是由於張老師言教身教、身體力行的道德感召，使得學生心甘情願，秉著「為善最樂」的心情，以「打掃校園」、「撿垃圾」的方式來服務人群，這也就是超越賞罰規則，賦予學生自由與責任的典

型例子。

案例二：讓學生擁有自我決定的能力

　　故事中的阿傑，其實父母都已經管不動他了，阿傑後來之所以會回學校上課，完全是出於自由意識。換言之，阿傑擁有自我決定的能力，他最後自己決定：先回學校上學，獲得畢業證書後，再報考自己喜歡的高職汽車修護科。由此可見，教師應盡可能讓孩子自己做決定，這樣孩子才會成長，也才能學會自我負責的態度。

❊ ❊

　　上文曾提到張凱莉老師率領同學們打掃的故事，以下這篇也與打掃有關。

　　在打掃的過程中，同學看到馬路中央的金龜子、水泥路上的蚯蚓，都會細心地用葉子護送牠們，輕輕地放進樹叢底；看到被車壓扁的蛇，被野狗咬死的貓，僵坐在圍籬下的死鴿時，在老師的默許下，大家會一起為這些往生的小動物做簡單的告別式，先為牠們在花園裡挖個洞埋了，再鋪上落葉，蓋上石頭。基督徒唸：「塵歸塵，土歸土」，佛教徒唸：「三皈依」或「往生咒」，祈求牠們一路好走。這時在旁觀禮的張老師還會提醒同學：「這些小動物的死亡，其實在警示我們對生命應好好珍惜！你們今天為小動物所做的一切，意義深重。」

　　有一天早上，大夥兒掃完地，正準備回到班上早自習，有兩個學生來找她：「老師，我們可不可以去捷運站？有隻白貓躺在路旁，一動也不動，我們想去救牠！」大清早為了趕上六點五十分的掃地時間，無暇救貓的兩個孩子，掃地時一直心心念念，整顆心都緊繫在白貓身上。面對學生護生的請求，深具愛心的張老師二話不說地立即陪同前往，並隨

身攜帶報紙、垃圾袋及照相機。

前往捷運站途中，凱莉老師問學生：「為什麼想救貓？」

小雯回答：「每個生命都是無價的，都需要我們的尊重和關心！」

小琬說：「如果哪天躺的是我，我也一定希望他人能為我帶來溫暖！」

真是善根深厚的兩位大孩子！張老師心中自嘆弗如。

到達現場一看，貓咪已經不在了，原本想用來包貓的報紙和垃圾袋都派不上用場，兩個學生反而有「放下心中石頭」的感覺，無論是牠自行離去或是有人救走，總之都是好事。

老師說：「太好了！讓我們拍照留念。」「為什麼？」

老師回答：「因為妳們從早上看見貓的那一刻，一路發善心想救貓的心意完整；先到學校，做完打掃善事一樁，此刻又回到現場來救貓，又添善行一則，值得稱許。這張照片，就當做是整件善行過程的總結吧！」

事後，張老師不忘叮嚀同學：「最好能把這段行善的心路歷程記錄下來，做為日後自己的善行見證。」

以上是張凱莉老師護生的機會教育，她讓學生在耳濡目染之際，不知不覺地就扮演起「善念的守護神」這樣的角色。於是，無論是護送「馬路中央的金龜子」、「水泥路上的蚯蚓」到安全的地方；或是為「被車壓扁的蛇」、「被野狗咬死的貓」、「圍籬下的死鴿」舉行告別式，甚至去捷運站救貓的善舉，都能自動自發。這是張老師「班級經營」最成功之處，雖然努力培養學生行善助人護生，卻從無任何強制手段，學生擁有自主權，可以自我判斷、自己做決定，卻都能符合教師的期待。

案例三：讓學生感受到關懷與支持

故事中的阿傑，說謊、染髮、帶不良書刊到校、恐嚇、勒索、逃學、逃家……等，無所不為。然而，老師並沒有放棄他，照樣包容他、關心他、教育他。當他逃學、逃家在外時，老師並不因此覺得少了一個麻煩，反而經常在班上放風聲，表達老師的思念之情。尤其當聽說他遇到危險時，老師更是奮不顧身地前往救援，讓學生感受到老師的關懷與支持。

* *

這是一班從一年級各班打散後重組的班級。自從接了這班高二的導師職務以來，我就很苦惱於他們的各行其是，只能用「一盤散沙」來形容。有幾位同學在週記上反映：「他們都各有各的班底，我打不進他們的小圈圈。」「我一年級時的同學都不在本班，我好孤單喔！」因此每次在午休時間一進教室，天啊！在本班一起聚餐的，居然大多數是別班同學！讓身為該班導師的我幾度懷疑自己走錯教室。

後來，我三令五申地禁止外班同學進入本班教室，並禁止他們成立「小圈圈」，並且鼓勵同學：「爭取友誼的最佳方式就是：先伸出友誼的手！」並在黑板上寫著：「先釋出善意的，先獲得友誼。」但效果仍然很有限。

同事黃維智老師看出了我的苦惱，建議我先從鼓勵同學「行善互助」入手。於是我放了一本空白的筆記本在班上，在封面題上「行善日記」四個大字，並在頁首寫著：

　　「所謂『行善之人，福雖未至，禍已遠颺；行惡之人，禍雖未至，福已遠颺』，所以我們要『心存善念，口說善言，身行善事』。其實付出就是最大的收穫，能施予人的人，總比受

施的人更幸福。願我班上同學都能『時時心存善念，刻刻努力行善』，必能廣結善緣，深獲福報。」

沒想到效果慢慢地就顯現出來，過了幾天，就有小甄在本子上寫著：

「今天下午有十九位同學去世新大學參觀。小芳、小佑、小摩就主動在午休時，犧牲睡眠幫大家打掃，真的很不錯！也令自己感到慚愧，因為我每次幫助的對象都僅限於好朋友，而且又常常是被動的。我想，本班同學一定都是熱心助人的，只是有許多地方我沒看到而已。感謝那些常常默默助人的同學們！幸虧有你們，讓 207 有了溫暖！」

不但有同學不計較吃虧，努力行善，而且有同學宣揚善行、見賢思齊，太棒了！打鐵趁熱，我得繼續鼓勵他們，於是也在「行善日記」本上寫道：

「感謝小甄優先表揚班上的優良事蹟。其實本班的好人好事所在多有，例如：上次為了陪同學到校練習英文歌唱比賽，星期天在綜合大樓，小涵和小君過來關心：『老師，你爸爸身體還好吧？又要照顧爸爸，又要陪我們練唱，老師真的好辛苦喔！』讓我倍覺溫馨。本班還有許多像這樣懂事、體貼的好學生！又如幾週前，老師徵求同學幫忙製作『週記反省表』，小頤馬上自告奮勇地到辦公室幫忙電腦製表，讓老師也感到很窩心。本班還有許多心存善念、口說善言、身行善事的同學，拜託同學多多表揚好嗎？」

同學們反應熱烈，有到處發掘善行的，小明寫著：

「早上有值日生七點二十分還沒到，小甫問我：『要不要

幫沒來的人做？』說完，立刻就去拿掃把，開始打掃，真是了不起！我發覺班上還有一位默默為同學付出的人，他正是木訥的小麟，他每天都幫大家買便當，而且不求回報，加上他的眼光愈來愈好，買的東西愈來愈好吃，真是太感謝他了！」

有善於正向思考，懂得安慰同學，不以成敗論英雄的，小米寫著：

「謝謝牛奶、小蓉、小芳、小宜、小伶，這幾位同學努力打球，雖然我們沒有勝利，但也留下美麗的回憶！」

有表達感恩之情的，小璇寫著：

「今天的紙類回收超多的，我和小姿都拿不動。這時，兩位超熱心的人出現了，他們是小 K 和白煮蛋，他們兩個人幫我們把超級重的紙類回收箱從四樓搬到一樓，這種互助精神真是太令人感動了！」

善性循環的結果，使得同學們漸漸走出小圈圈，全班水乳交融，濃得化不開，不但懂得關懷、照顧他人，也懂得感恩回饋。小倩寫著：

「星期五中午，我肚子痛得不得了，好多人都幫助我，讓我覺得很窩心，小彤和小辰幫我拿熱水袋，小修、小迪、小融和小宏全程陪我，還扶我走路，那時我腳都軟了！老師用他幾十年的功力把我從四樓抬到一樓，真是感激不盡！本班真令人溫暖！小摩幫我寫『回家功課』事項，小安也打電話關心我，教官也幫我聯絡我老爸，還拿桂圓紅棗茶包給我！真是患難見真情啊！回到教室，很多同學慰問我，小涵還幫我解決家政重點問題等，謝謝大家！」

還有小彤寫著：

> 「今天終於可以出院來上學了。住院的日子很無聊，幸虧
> 有許多同學給我加油打氣，令我覺得十分溫馨。小斌、小偉、
> 小豪、小修、小玉、小倩、小芳、小涵都傳簡訊或小紙條來關
> 心；小辰、小君、小宵、小迪還打電話陪我聊天；小宏、小芳
> 也熱心地打電話告訴我功課。今天一到校，小辰和小君還拍手
> 恭喜我歸隊，小倩還給我一個熱情的擁抱！全班都關心地問我：
> 『你有沒有好一點？』我真的超感動的！感謝大家的關心，也
> 感謝老師一直打電話到家裡來關心我和慰問媽媽！」

雖然「行善日記」到後來漸漸變成「感恩日記」，那也無妨，同學
們漸漸習於只看對方的優點，一直以行善互助、感恩回饋的信念來相互
對待。

臨畢業時，大家依依難捨，後來，依同學們的建議，將那本「行善
日記」編輯成冊，人手一本，成為最有意義的畢業禮物，同時也將成為
他們日後最甜蜜的回憶。

我非常感謝黃老師當初的建議，因限於篇幅，以上只節錄其中部分
內容，作為「讓班級成為一個『社群』，使學生在其中感受到關懷與支
持」的範例，希望對親愛的教師同仁們有參考價值。

挑戰性問題

1. 您是否同意本節「校園故事」中教師之各項作法？是否有其他補充或
不同意見？
2. 針對上述三個案例，您有何心得？或有其他相關的案例可提出來分享？
3. 科亨認為，教師若依賴規則，會把自己變成「警官」，而將學生變成
「律師」，所以要「超越規則」；請問：超越了「規則」，教師還能

做些什麼？

4. 科亨主張，教師應提供三項共同的人類需求（自主決定、關係歸屬、成功勝任），您能否提出學生其他額外的需求？（可區分：國小、國中、高中生）

5. 科亨認為，利用懲罰或獎勵來操縱學生行為，不僅沒有必要，更不具生產性。您認為呢？除了懲罰或獎勵之外，還有什麼有效、沒有後遺症的方法？

6. 科亨是「班級競爭問題」的主要批判者，他認為，學生之間透過競爭來獲得好成績、爭取行為獎勵，是具有破壞性的。您是否同意他的觀點？若同意，有否有其他良好理念及穩當的措施？

7. 讓學生能「安靜、聽話」也許是很多教師所期望的目標，您有何建設性的建議？

8. 為落實本節「超越班級經營模式」的各項主要原則，應有的基本理念和配套措施為何（例如：a.教學目標，b.教學內容，c.教學方式，d.教學活動，e.學習型態，f.補充教材，g.教具媒體，h.教學評量，i.學生輔導，j.師生關係，k.親師關係，l.班規建立，m.班級組織運用，n.班級氣氛經營，o.教室環境營造，p.校園危機處理等方面）？試擇其一二項論述之。

 ## 教師妙錦囊

妙錦囊一：讓學生自己決定適當行為

在生活或學習的自律上（包括生涯規劃），老師應盡可能讓每一位同學擁有自我決定的機會，這樣孩子才能學會自我成長，養成自我負責的習慣及能力。當然，在孩子決定之前，教師應先提供必要的資訊，或給予參考意見，最後才把決定權交給孩子，此時孩子將較能做最適當的判斷。

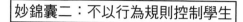

妙錦囊二：不以行為規則控制學生

　　教師若只以獎勵、壓制與懲罰等管教的技巧來控制學生，學生不是陽奉陰違，企圖文過飾非，就是對教師心生反感。反之，教師少用行為規則控制學生，而代之以「關愛的眼神」、「關懷的話語」來與學生交心，師生之間一旦關係融洽，學生將很容易做出符合教師期待的事情來！

妙錦囊三：讓學生彼此建立良好關係

　　教師應讓班上的每位學生都能與人建立良好關係，此舉有利於同學們增強對班上的凝聚力與歸屬感。因此教師應盡可能幫助班上弱勢學生，例如：常鼓勵同學們要「觀功念恩」而不要「觀過念怨」；經常舉辦「優點轟炸」讚美同學；幫學生分組，鼓勵相互教學……等，皆有利彼此建立良好關係。

妙錦囊四：讓學生在班上感受到關懷

　　教師要設法使班級成為一個社群，讓學生在其中感受到關懷與支持。學生的歸屬感愈強，會愈喜歡這個班級，也會愈喜歡來上學。教師除了要以身作則，對於貧、病、悲、苦或有任何困難學生主動伸出援手外，也要鼓勵同學們相互關懷並給予支持，例如：在班上放一本「行善日記」等。

妙錦囊五：舉行班會解決班級問題

　　班級就如同一個小型社會，很容易發生有關「人」、「事」、「物」的各種問題。若事事皆由導師裁決，一來易流於偏頗或不周延，惹得怨聲四起，影響導師威信；二來不符合民主社會程序，也使學生失去實習機會。因此舉行班會就是建立社群，和處理、解決班級問題的最好方法。

Chapter 3

確保學生學力品質

　　十二年國教即將實施，除了前段班學生想搶進明星學校，升學壓力難以減輕外，中、後段學生都可以很輕鬆地進入社區高中。某些教師憂心：國中學生的程度可能會下降。

　　如何確保學生學力品質？教育部的主要因應策略是實施「補救教學」，也就是針對經濟弱勢及學習低成就的學生，以十二人的小班方式，給予課後輔導。我認為這只是治標。

　　治本之道應直指十二年國教的核心：讓孩子有興趣學習。教師過去那套「老師講、學生聽」，以及只是灌輸、背誦的「填鴨式」教學方式，必須改變。課堂上應儘量以學生為主，讓學生盡情地討論、爭辯、提問、發表、角色扮演，教師再給予「掌聲」及「意見」。「玩」出興趣來，學生就會主動地學習。

　　本章第一節「正面制約，創造天堂」，是在鼓勵教師，儘量以「賞識」的眼光來看待孩子，以利發揮「比馬龍效應」的奇蹟。

　　第二節「願心與願力」，期望教師以「成就感」為餌，「誘使」學生內在學習動機愈來愈強烈，因而努力用功，發揮潛能。

　　第三節「閱讀是教育的靈魂」，則是寫一群有理念的教師絞盡腦汁、努力推動閱讀，終使學生興味盎然，享受閱讀的樂趣。

第一節　正面制約，創造天堂

~懂得「賞識」的父母師長，往往能發揮「比馬龍效應」，創造奇蹟

庫寧（J. Kounin）【教學管理模式】：
教學設計需符合學生當前最大需求，
並引導其有效達成，以增強其成就感與自信心

有一個星期四的下午，臺北市某高中正舉辦例行性的讀書會。

主持人王老師說：「剛剛陳老師告訴我一則發人深省的故事，請他來跟大家一起分享。」陳老師接著說：

「這是我高中時代所讀過的一篇英文小說：有位瘦瘦高高又有點駝背的少女，外號『醜小鴨』，到處受人歧視。有一天她去參加某個舞會，卻可憐兮兮地枯坐一旁，沒有任何一個人來邀她跳舞。有一位美學大師剛好在場，很同情她，於是故意以專家的身分大聲宣布：『我旅遊世界各地，好不容易在貴寶地找到一朵奇葩：眼前這位少女，未來必將成為舉世聞名的模特兒！』話剛說完，就有許多人爭著來邀少女共舞。這時這位少女，背也不駝了，眼睛也發亮了，整個人看起來容光煥發，與之前的她，簡直判若兩人，原來她找到了自信。幾年之後，果然成為名模的少女，千方百計地找到大師，特別向他致謝，但大師愣住了，當時只是一念之仁，沒有想到會有這麼驚人的效果。」

王老師說：「感謝陳老師的故事。剛剛陳老師所講的，應該就是所

謂的『比馬龍效應』，我們是否能把它運用在教育方面呢？」林老師又說：

　　「中國大陸有位教育家周弘，當他第一次教他七歲的女兒數學時，十題應用題她只對了一題。但周弘不但不打罵，反而大加讚賞：『不得了！居然能寫對，太了不起了！這些題目很難很難呢！妳居然能寫對一題，妳真是天才！』他的女兒本來很沮喪，一聽，眼睛一亮：『爸爸，你在我這年紀時，可以寫對幾題？』『肯定一題都不會！這太難了！只有妳這種天才，才有辦法答對，太了不起了！』從此他女兒找到了自信，彷彿插上了翅膀，自由自在地翱翔在數學知識的天空，不出三年，她就學完了小學六學年的全部數學課程。」

✽✽✽✽✽✽✽✽✽✽✽✽✽✽✽✽✽✽✽✽✽✽✽✽✽✽✽

汪老師也說：

　　「日本有個鈴木大師，每年培育很多音樂神童。有一天，有個年輕媽媽帶了一個七歲的小孩來找他：『大師！我的孩子學小提琴好幾年了，一點也沒有長進，您若能把他教好，我將會很感激您！』大師於是要小孩演奏一段音樂給他聽，果真很難聽。這位媽媽拉長了臉，但大師卻一把摟住小孩，大加稱讚：『天呀，你拉得太棒了！太動聽了！你再拉一段……』孩子眼睛開始發亮，果然比第一遍好很多，當媽媽的看得目瞪口呆，鈴木大師又是鼓掌又是表揚。這位媽媽後來偷偷地問鈴木：『他明明拉得很難聽，您為何要騙他呢？』大師回答：『你要知道，孩子的心靈已經受傷了，我正在治療他的心。』在鈴木不

斷的鼓勵及讚美之下，孩子終於有了信心。不到兩年，這孩子已經可以舉辦小提琴獨奏會了。」

主持人：「感謝兩位老師提供兩則正面制約的故事。不知道各位老師在教學生涯中，有沒有這方面的體悟或經驗？」

劉老師接著發言：

「我想起每當我感嘆學生難於管教時，林老師總是會以喜悅的心情讚美班上同學如何懂事、上進、體貼。說也奇怪，得到老師大力賞識的同學們，果然會發揮『比馬龍效應』，正如老師所預期的，一個個表現更加懂事、體貼，努力進取。難怪林老師的班上，整潔、秩序比賽和學業成績，總是第一名。」

林老師也跟著發言：

「感謝劉老師的肯定。其實我能有這種體悟，一部分得力於我以前在某校時的一位老師，他動不動就罵學生『廢物』，他班上的學生果然就表現得愈來愈糟，他們班不但整潔、秩序競賽經常最後一名，而且班上學生打架、偷竊、逃學、恐嚇、勒索事件層出不窮，成為全校的問題班級。我發誓絕對不要成為那樣的老師！還有，可能跟我的個性有關吧，我真的很喜歡這些孩子！很奇怪的是，當你營造出賞識的情境時，他們真的就可以表現得自動自發、自主負責。接下來，我再跟大家分享一個較特殊的案例。」

「我有個學生叫阿信，在班上沒有什麼朋友，整天都臭著一張臉，功課是全班倒數第一，據任課老師的反應，都說他上課經常打瞌睡，只能提醒他或罰他站，但效果很有限。這樣的孩子，其實正在發出『求救』的信號，當時我在想，應該要怎

麼樣拉他一把才對。

那一天,我有課,正要上樓,發覺他在前面,一副失魂落魄的樣子,我叫住他:『阿信,最近好嗎?』他無精打采的說:『不好,我數學又考零分了!』

我一聽,連忙握住他的手:『其實,老師一直想告訴你:你一定可以!你的智商很高,只要改變上課態度及讀書方法……』我要他下課後來找我。

後來我又找了他幾次。為了建立起他的信心,我先誇他:『書法寫得很棒,又會拉小提琴,很了不起!』又鼓勵他:『連這麼困難的才藝都學得這麼好,不可能書讀不好!只要用功,一定大有可為!』漸漸地,他眼睛開始發亮。

我又請班長及數學小老師有空多照顧他,跟他交換一些讀書心得;又特別拜託各任課老師,他一有進步就讚美他。

後來,阿信的改變愈來愈大,他上課時變得很用心,漸漸地,功課愈來愈進步,也愈來愈有自信,也會笑了,人緣也愈來愈好。他去年考上淡大,特別發 Email 來感謝我,說我當年的肯定與讚美救了他,他原本覺得自己一無是處,想跳樓自殺的……。」

❀ ❀

王老師總結:

「感謝林老師提供這麼一個發人深省的具體實例,恭喜她有這樣成功的輔導經驗!據我所知,黃老師也是,她班上有些學生剛開始在學業和品行方面表現欠佳,可是黃老師只注意他們的『亮點』,並大力賞識,久而久之,正如同劉老師所謂的

『比馬龍效應』就出來了，這些同學愈來愈有自信，相信自己是有用的人才，後來功課和品行果然就愈來愈進步。希望各位同仁也都能像林老師、黃老師一樣，能以『賞識教育』來『正面』制約同學們的行為，一定可以促進師生間在和諧、快樂中共同成長，達到雙贏。」

學生「是龍」或「是蛇」，往往操之於老師的一念之間。以「正面」制約，影響學生的正面情緒、正向思考，那麼，校園將到處都是天堂。

 班級經營理論

庫寧（J. Kounin）【教學管理模式】

庫寧（1912-1995）出生於美國俄亥俄州，曾任教於韋恩州立大學，並常在美國心理學會、美國教育研究學會中發表研究成果。《教室的常規與團體管理》（*Discipline and Group Management in Class-room*, 1970）是他最著名的作品，研究如何處理學生的不良行為和教室管理事務；他的主要觀點如下。

1. 全面掌控（withitness）

　(1)教師應有俗諺所說的「腦後長眼睛」之能力，能察覺任何時間、地點全班同學所發生的任何事情，並且能在偏差行為出現時，即予制止。

　(2)教師明確地處罰行為偏差的學生，會對其他學生產生「漣漪效應」（ripple effect），使他們表現良好行為。

2. 團體焦點（group focus）

　(1)團體責任感：教師要求學生負起學習與行為的責任，要維持專注力，對團體達到最大的參與程度。

(2)團體警覺：教師應設法使學生融入學習活動，維持隨時警覺的程度，例如：先發問問題，再點名某一位同學回答，製造「懸疑氣氛」──下一個不知道是誰？

3. 創新教學

(1)挑戰性：教師要設法讓教學內容與方式具有挑戰性，讓學生多元思考，引發學習動機。

(2)多元性：教學方法的運用、教學活動的安排、教材教具的選擇、小組活動的編組等，宜具備多元性。

(3)成就感：教學設計需符合學生當前最大的需求，並引導其有效達成，以增強其成就感與自信心。

（參考自：金樹人編譯，2012：59-83；張民杰，2011：350-353；單文經等譯，2004：180-209）

 案例參考

案例一：有全面掌控的能力

　　故事中所述，阿信上課時經常打瞌睡，被老師提醒或罰站，也能產生漣漪效應。因此學生若在課堂上有任何違規行為，若老師不予制止，很可能會「氾濫成災」，從「打瞌睡」變成「趴著睡」，如再不制止，更有可能報紙一鋪，「躺在地上呼呼大睡」。

　　從前，我擔任某國中三年級後段班的導師時，隔壁班某位科任老師，上課時學生吵成一團，他卻若無其事。後來，一群學生乾脆跑到走廊，席地而坐，開始打牌，他老兄照樣視若無睹。直到我路過，看不下去，通知訓導人員去取締為止。身為教師，上課時應全面掌控，適時制止任何學生的偏差行為才是。

有位洪老師，特別重視上課秩序，上課時耳聽四方、眼觀八方，任何風吹草動都逃不出他的「法眼」，例如：正在講課時，他會突然停下來，說：「阿中，請把指甲刀拿出來！」原來他聽到剪指甲的聲音。阿中只好乖乖拿出來。

又如上課中，他突然會把食指豎立在鼻前，示意大家禁聲，接著以輕聲快步從一位看得出神的阿文手上抽走一本書，大家彷彿看完默劇似的，這時才哄堂大笑，果然又是一本黃色書刊。而阿文只能面紅耳赤地呆坐在座位上等候處罰，原來他偶然瞥見阿文上課時不尋常地一直低著頭。

還有一次，洪老師正在寫黑板，突然頭也不回的說：「小華、阿建，拿著菸一起到前面來！」大家嚇了一跳，難不成老師背後長眼睛？小華、阿建只好垂頭喪氣，走向講臺接受懲罰。原來是洪老師藉著窗戶玻璃的反光瞧見了。

又有一次，他正走向教室，遠遠地後門一陣騷動，好像在藏什麼東西。

他不動聲色，上課時立刻宣布：「自首無罪，今天帶違禁品的請舉手！」有幾個人舉手了。

洪老師又說：「還是有同學不誠實，不要告訴我你不知道什麼是違禁品？凡是不屬於上課要用的，除了象棋以外的都請你舉手！」陸陸續續又有人舉手。

「好！再給最後一次機會，還有沒有？」又有人舉手。

「很好！請大家都拿到前面來！」

那次查到不少違禁品，包括：色情漫畫、色情小說、香菸、撲克牌、骰子、童軍刀等。

身為教師，就要有這種全面掌控的能力。

案例二：維持學生專注力的教學活動

　　故事中提到，阿信上課不夠專心，無論任課老師提醒他或罰站，效果都相當有限；而林老師卻是以鼓勵、讚美的方式要求學生負起學習的責任，並維持專注力，而她辦到了。

＊＊＊＊＊＊＊＊＊＊＊＊＊＊＊＊＊＊＊＊＊＊＊＊＊＊

　　去年我曾應邀到政大，為教育系的學生講解「班級經營」的課程。其中有同學提出：「如何使學生在課堂上維持最大的專注力並熱烈參與？」

　　我的回答是：「可以『口頭』要求，但效果不大。不如憑教師本身的『專業』、『教學技巧』、『個人魅力』來要求，學生自然就會專注，並全力投入。所謂『個人魅力』是指，個人內在修為，而非在外表上大做文章、譁眾取寵。報載臺北市某明星高中有位蕭姓女老師，為了吸引男生目光，平時喜歡穿低胸薄衫、透明短裙，上課時大秀其事業線、性感美腿及內在美。這種作法令人不敢苟同。因學生正值血氣方剛的年齡，容易想入非非，反而分心，不能專注在課業上。」

　　以下兩點是老生常談：

　　1. 備課用心：教師本身學識淵博，言之有物，上課時旁徵博引，有如長江之水，滔滔不絕，引人入勝，自然能吸引學生的專注力。但若如我這樣學識淺薄，該如何是好？無妨，只要勤於備課，上課之前做足功課，足可彌補不足。

　　2. 言行舉止：口齒要清晰，聲音語調力求抑揚頓挫，不要過於平板，以免學生打瞌睡。要經常展露親切笑容，以免學生敬而遠之；態度要落

落大方，充滿自信，眼神也要環視全場，掌控全局，以避免學生做其他雜事而分心。

以下十點則是我上國文課時的個人秘笈，不能登大雅之堂，但很管用。

1. 勤記姓名

儘量在最短時間內，以面識人，記住全班學生的姓名。可憑該生外表或其他特色，跟名字的諧音做結合，經常在腦海裡複習。

若一下子記不了那麼多，可挑班上最有破壞力及最有影響力的人先記，其他再以分排的方式，每次上課記一排。若還怕記不住，那就先記名字就好，不必記他姓什麼。

愈能在短暫時間記住名字愈有效。若開學才不久，上課時有學生打瞌睡、或不守規矩、或不專心，此時教師立刻隨口叫出其名字，他通常會嚇一跳：「老師好厲害！已經認得我了！」於是會自我收斂。必要時，老師隨口叫出全班學生的名字，更會讓全班驚呼連連，佩服得五體投地，從此上課時不敢掉以輕心。

2. 吟詩唱歌

例如：在課堂上吟唱唐詩、宋詞、元曲（如「長干行」、「回鄉偶書」、蘇軾的「念奴嬌」、關漢卿的「大德歌」等），或以流行歌曲的方式唱新詩古詞（如徐志摩的「再別康橋」、紅樓夢裡的「紅豆詞」等），都可以吸引學生的興趣，甚至想要學唱，當然也能引發他們學習的動機。但要注意：還是不能太難聽，以免既虐待學生們的耳朵，又影響老師的尊嚴。

3. 用英文調味

　　就如同烹飪時的調味料，上國文課偶爾用些英文來點綴，往往會有「畫龍點睛」的效果。有一次，我上到杜牧的「山行」：「遠上寒山石徑斜，白雲深處有人家；停車坐愛楓林晚，霜葉紅於二月花。」同學們一聽到「坐愛」兩個字就哄堂大笑，我當時並沒有故作道貌岸然狀，罵他們「想入非非」，而是以幽默的口吻告訴他們：「『坐』這個字在這裡解釋為「because」而不是『make』。」既加強同學們記憶，又皆大歡喜！

　　又有一次，提到「該做的就要放手去做」，我說了一個故事：「有一群臺灣人到南非去自助旅行，不料發生車禍，車子毀損，還有人受傷。可是這群人當中，沒有人會英文，要如何報警求援？難道坐以待斃？這時，有位只有國中學歷的人挺身而出，他撥了一通電話給警局：『hello！one car come，one car go，碰碰，one Taiwenes 哎喲 哎喲，please quickly ㄊㄧ ㄊㄧ。』說也奇怪，不久之後，警車及救護車都到了，總算解除了他們的危機。可見無論事實有多困難，只要努力實踐，就有希望完成目標！」同學們聽來興味盎然。

4. 用臺語翻譯

　　有一次上課時，我用臺語發音：「豬一隻不如虎一隻，虎一隻不如鹿一隻。」要學生翻成國語，學生不是翻錯，就是瞠目結舌。之後，再請他們翻到課本第幾頁第幾行，赫然發覺原來答案是：「知之者不如好之者，好之者不如樂之者」，大家都覺得很新鮮有趣。

　　又如臺語發音：「男女之間要先睡在一起」，其實是國語「男女之間要誠懇在一起」的意思；之前，宋楚瑜曾用臺語向一婦人打招呼：「妳在脫衣脫褲？」其實是國語的「妳在燙衣褲？」之誤。

　　有一次我到澎湖吃海鮮，見一物奇形怪狀，同行友人問：「這怎麼

吃？」有人用臺語回答：「問導遊！」有位外省朋友果真去問導遊，而本省朋友卻早就蘸醬油大快朵頤了。原來「問導遊」正是臺語「蘸醬油」的發音。

又如有次旅遊，領隊問一位吃素的朋友：「妳甲車……」，她連連否認，領隊很奇怪：「妳明明就是……」，爭執了半天，原本她把國語的「甲車」聽成臺語「吃葷」的發音。

此外，如「颱風」是臺語的「風颱」，「習慣」是臺語的「慣習」，「客人」是臺語的「人客」……等，不勝枚舉，都可以引發學習的興趣。

5. 用黃梅調詢問學生

從前，梁祝電影風行時，黃梅調也大行其道，大家對電影中「馬文才上課打瞌睡，老夫子教醒他，搖頭晃腦地以黃梅調問他：『飽食終日下一句？』……」那一橋段也都耳熟能詳，當時若有學生上課打瞌睡，我也會搖頭晃腦地以黃梅調問他，例如：「『山不在高』下一句？」（答案是『有仙則名』）。

由於神態輕鬆，裝模作樣，動作誇張，同學們會覺得很好玩，被問者可能會受窘，但不致太難堪。如今黃梅調雖不再盛行，教師仍可以其他歌唱的方式詢問學生，自娛且娛人！

6. 以糖果當成獎品

為了時時吸引學生注意，在課堂進行中，我會冷不防提出問題，讓學生搶答，答對就給棒棒糖；或者請兩人上臺，當眾背書，一背上句、一背下句，不會背的要被同學彈耳朵，會背的就請他吃糖；或者隨時請同學起來發表看法，無論對錯，只要言之成理，都可以給糖果。

此舉無論對幼兒園、小學生、國中生、高中生等各種年齡層都有效。總之，儘量減少「唱獨腳戲」的時間，避免學生被「疲勞轟炸」。

7. 表演動作

基隆市某國中有位郭老師，上課時喜歡耍寶，學芭蕾舞的她，常在教室表演踮腳轉圈跳躍的舞姿，讓學生樂不可支。

而我上課時也經常表演中國功夫，例如：「白鶴亮翅」、「轉身擺蓮」、「空中飛踢」，或表演氣功。在講課時，動作可以誇張一點，最好連說帶比，都可以使學生精神振作。若有學生上課時不守規矩，我也會要他出來，學我的動作，表演中國功夫。

8. 開自己的玩笑

例如：有一次上論語課，提到孔子「里有殯，不巷歌」，我說我跟孔子不一樣，我是「鄰有人，不夜歌」。學生問我：「為什麼？」我就講了一段故事：「那一年我和我太太在眷村租房子，女兒剛滿月，晚上經常啼哭，我就唱歌給她聽。唱著唱著，鄰居來敲門：『陳老師，拜託你不要再唱了！女兒讓她哭沒關係，求求你不要再唱了！』可見我的歌聲帶給鄰居多大的痛苦！」同學們聽得都哈哈大笑。

9. 開學生的玩笑

例如：我在臺北市明倫高中教書時，曾對班上女生小倩開了一個玩笑。小倩那時候有個男友小麥，在隔壁班。

有一次教到「婉曲修辭」（以婉轉的方式來表達），我舉例說明：「情人節那一天，小麥想買花送給小倩，不料一問之下，一朵玫瑰花居然要價百元。小麥於是問花販：『同行能不能算便宜一點？』花販問：『你也在賣花？』小麥回答：『不，我是強盜！』……」同學們聽了都樂不可支。

下課後，小倩來抗議，說我開她的玩笑，害她覺得「好糗」！還好臉上還帶著甜蜜幸福的笑容。

因此，「開學生的玩笑」有個前提：不要讓人覺得難堪，以免有後遺症，例如：曾有位國中男生，上課時要上廁所小便，老師便開他玩笑：「要不要老師借你橡皮筋？」全班哄堂大笑，但這名教師恐怕失之輕薄，也會使當事者難堪，這種玩笑就不太適宜。

10. 講故事說笑話

有一次，當上到「增字修辭」時，我講了一個笑話：

> 「有一個臺灣人在大陸嫖妓，被公安查獲，他的臺胞證就被蓋上大大的『淫蟲』兩個字，讓他覺得很難堪，於是花了一大筆錢，請人幫忙說情，希望能去除這種不名譽的紀錄。果然，有錢能使鬼推磨。然而，當他再度打開臺胞證一看時，臉都綠掉了，臺胞證上變成了『非淫蟲』三個大字，這不是欲蓋彌彰嗎？不行！他於是又再度忍痛花大錢請人幫忙。等他三度打開臺胞證時，上面已經變成『非洲淫火蟲』五個大字，他氣得暈了過去。」

我一說完，不但大家都笑得東倒西歪，而且事後，他們還把這個笑話轉述給跟他們最親近的英文老師聽呢！

以上十二種教學方法的運用及教學活動的安排，都是使學生在課堂上維持最大專注力並熱烈參與的有效方法。當然，也可以使用教具，例如：PowerPoint。不過，後者我較少使用，原因是光線昏暗時，有些學生會趁機作怪。

 挑戰性問題

1. 您是否同意本節「校園故事」中教師之各項作法？是否有其他補充或

不同意見？

2. 針對上述兩個案例，您有何心得？或有其他相關的案例可提出來分享？

3. 什麼是「漣漪效應」？請舉例說明之，並說明其後果。

4. 上課時，如何塑造「團體警覺」氣氛，以維持學生的專注力？

5. 您是否同意班級經營應包括「學生學習、行為」和「教師教學、輔導」等兩大項因素？且教師應扮演主動角色？

6. 創新教學要促進學生思考能力以及師生教學互動關係，您有何好方法？

7. 創新教學要促使學生增強其成就感與自信心，您有何好策略？

8. 為落實本節「教學管理模式」的各項主要原則，應有的基本理念和配套措施為何（例如：a.教學目標，b.教學內容，c.教學方式，d.教學活動，e.學習型態，f.補充教材，g.教具媒體，h.教學評量，i.學生輔導，j.師生關係，k.親師關係，l.班規建立，m.班級組織運用，n.班級氣氛經營，o.教室環境營造，p.校園危機處理等方面）？試擇其一二項論述之。

 ## 教師妙錦囊

妙錦囊一：要設法保護檢舉者

要求教師「在任何時間、地點，都能覺察任何學生的偏差行為，即時給予制止」，事實上有其困難度。因此，教師應培養幾位值得信賴的學生，一旦有事，能即時通報。教師前往處理時，最好能不著痕跡，讓受罰者以為是老師自行發覺的，以免有人受到報復或排擠，下次就沒有人願意檢舉了。

妙錦囊二：要有「全面掌控」的能力

教師上課時，要有「全面掌控」的義務及能力，否則不但有愧於教育良心，而且也將使上課紀律蕩然無存。教師的眼神最重要，必須隨時

環顧全場，並經常與學生互動，儘量減少唱獨腳戲的時間。有違規行為，應立予糾正，以便殺雞儆猴，使有心蠢動者知所收斂，不敢為所欲為。

妙錦囊三：以「同情」的口吻處置犯錯者

青少年的心智未成熟，難免會犯錯。教師處罰犯錯學生時，應以同情友善的口吻，鼓勵其改過自新。最忌用痛恨的眼神及鄙視的口吻，以免激起其仇恨之心，使其不但無心改過，反而更加自暴自棄，向下沉淪，有違教育者初衷。

妙錦囊四：成為「笑口常開」的教學專家

一個「笑口常開」的老師，不但會受學生的親近及歡迎，而且笑容可掬的外表，也會無形中影響自己的心態，讓自己教起書來更加輕鬆、自在、快樂。良性循環的結果，將會使自己更受歡迎、更樂在其中、更加敬業，更容易成為一位名師。

妙錦囊五：設計「有挑戰性」的教學內容

教師要設法讓教學內容與方式具有挑戰性，以讓學生多元思考，引發學習動機，例如：「校園是否適於養狗？」這個題目，可讓全班查閱各種資料後，分正、反兩派，舉行辯論大賽。又如，在讀過文天祥的「正氣歌」後，請同學以作文方式，設身處地，設想三個以上當時文天祥的可行之路及其後果。

第二節　願心與願力

~教師應設法引燃孩子內在學習動機的「火藥庫」，
自會產生驚人的效果

科羅若梭（B. Coloroso）【內在紀律模式】：
教師提供必要的支持與資源，讓學生了解真實的自我，並發展內在紀律

 校園故事

　　小宇好不容易考上臺北市某公立高中，全家人都為他額手稱慶。然而，自從開學以來，他愈來愈不快樂，他的課業成績總是不如人，幾次的挫折感，讓他不知不覺，每天一放學回家，總是房門一關，打開電腦，藉著網路遊戲來麻痺自己，在虛擬世界中，找回他的快樂和自信。可是一離開網路，他又覺得很空虛且很有罪惡感。而惡性循環的結果，他的功課愈來愈差，也愈來愈自卑。

　　心中有鬼的他，眼看著身為公司小職員的爸爸，天天都在加班，努力掙錢，而媽媽也天天到許多公司大樓去從事清潔工作，非常辛勞。偏偏自己不但不能分擔家計，連功課都要讓父母操心，還要偷偷摸摸地玩電腦，想到這裡，他的罪惡感就更加深了。

　　等到第一次期中考成績出來，果然「滿江紅」。他硬著頭皮，紅著眼眶，拿出成績單說：「爸爸、媽媽，很對不起，我真的不是讀書的料，我想休學去打工！」被蒙在鼓裡的父母聽了，當場傻眼，怎麼會這樣？可是仍然異口同聲，一致反對他輟學：「好不容易才考上，怎麼可以說休學就休學？」雖然家境不是很好，仍然鼓勵他去補習，而小宇無論如

何都不肯，說：「那只是浪費錢，沒有用的！」一家人徬徨無助，只好打電話求教於班導師黃老師。

✽✽✽✽✽✽✽✽✽✽✽✽✽✽✽✽✽✽✽✽✽✽✽✽✽

　　黃老師早就想找小宇談了，這時只能先安慰家長：「請放心，這件事交給我處理好了！」第二天一大早，黃老師就找小宇到辦公室，慈祥而親切地問他：「有什麼需要老師幫忙的嗎？」……當老師提到家長養育子女的辛勞，以及「望子成龍」的殷切心情時，小宇終於忍受不了良心的譴責，他流下懺悔的眼淚，主動地向老師招供自己荒唐的行徑。

　　黃老師不但沒有責備他，還安慰他，為他加油打氣：「很好！至少你有一顆善良的心，能體恤父母的辛勞，才會有罪惡感。只要你知過能改，老師相信你一定會有辦法的！」並特別交代他：一定要先戒除沉迷網路的惡習！

　　規過於私室的黃老師，上課時只拋出一個問題：「功課不好怎麼辦？」讓同學們一起討論，經過充分討論後，最後黃老師總結了三個解決方法：

　　一是轉換心情：絕對要下定決心，抱持著「歡喜做、甘願受」的心態，專心向學，否則一邊內心抗拒，一邊勉強自己念書，那一定是事倍功半，一事無成。

　　二是認識正確有效的讀書方法：如「預習比複習更重要」、「上課一定要非常專心」、一定要有「今日事、今日畢」的觀念等，也就是今天老師所教的，若有疑問一定要請教老師或同學，務期全部弄懂為止。此外，每個科目都有不同的讀書方法，如有不懂的地方，可以向各任課老師求教。

　　三是了解「時間管理」的重要：除了懂得利用各種零碎時間（如搭車時、慢跑時，甚至吃飯時間、洗澡時間、臨睡時間）時時回想功課外，

還要製作每月、每週、每天的讀書計畫表，並且嚴格執行。

❋ ❋ ❋ ❋ ❋ ❋ ❋ ❋ ❋ ❋ ❋ ❋ ❋ ❋ ❋ ❋ ❋ ❋ ❋ ❋

　　果然，很多同學在聽了老師的話之後，從此日起有功，尤其是小宇。

　　當天晚上，跪在父母面前懺悔，並獲得父母原諒之後的小宇，抱著「贖罪」的心情，首先將電腦移出書房，並嚴格規定自己：「每天晚上七點到半夜十二點是讀書時間」，他還分出一大半的時間作「預習」之用，並且痛定思痛，除非寫作業，或是週六、日，否則絕不碰電腦，也不看電視；讀書讀累時，就以「讀課外書」來放鬆心情。上課時非常專心，下課時一直追著老師問問題，並且懂得珍惜時間，很努力地掌握住所有在校時間念書、寫作業或回想……。就像變了一個人似的。

　　後來，他的成績進步後，「成就感」使他更加肯定自己，「良性循環」的結果，使他的內在學習動機愈來愈強，甚至於每科該背的文章，他都是第一個會背；該繳交的作業，他也是第一個交。於是，成績本來是敬陪末座的小宇，進步情形幾乎可用「一日千里」來形容，到二年級時，不但在班上的成績始終保持前三名，而且還經常是同學請教功課的對象。去年夏天，他輕易地考上了某國立大學。讓他的爸爸媽媽都高興得合不攏嘴，帶著禮物到學校來感謝老師。

　　說也奇怪，全班四十個人，都曾經在課堂上聽到黃老師告訴大家的三個方法，可是唯獨小宇的功課突飛猛進，其原因何在？辦公室的老師們討論研究了半天，才發覺大多數同學雖不至於「言者諄諄，聽者藐藐」，但大多自行打了很大的折扣。只有小宇知行合一，全力以赴。

　　原來，小宇一向以「孺慕之心」，崇拜著學識淵博、智慧過人的黃老師，對她的話自然「言聽計從」，再加上本來個性就敦厚善良的他，從此就一直抱著「贖罪」的心情，希望以亮麗的成績來彌補過去的不是，以及報答父母的辛勞和師長的恩情，因此「動機」比一般同學強。

所謂：「願心有多大，願力就有多大！」他的卓越表現，讓全校師生都上了寶貴的一課：只要你願意，一個人的潛力可以無窮！

 班級經營理論

科羅若梭（B. Coloroso）【內在紀律模式】

科羅若梭曾當過修女，後來身兼班級教師、大學講師和研習會領導人。她善用其在社會學、特殊教育、哲學、神學方面的知識，發展出獨樹一格的親職教育和班級經營理論。她著有《小孩值得：賦予你孩子內在紀律的禮物》（*Kids are Worth It: Giving Your Child the Gift of Inner Discipline*, 1994）、《透過危機教小孩：協助孩子度過失落悲傷和變動時期》（*Parenting through Crisis: Helping Kids in Times of Loss, Grief, and Change*, 2000）等書。她的班級經營理論主要有下列幾項要點。

1. 剛毅果斷型教師

(1)教師提供必要的支持與資源，讓學生了解真實的自我，並發展內在紀律，保有自己的獨特性與自信心。

(2)倡導有創意、有意義的開創性活動，激勵學生勇敢地表現自己、活出自我的價值。

(3)共同訂定班級規則，強調民主價值，教導學生信任自己、別人，以及未來。

2. 紀律管理

(1)責任歸屬：學生應了解其對行為有主動權，所以應對其行為所發生的問題，負完全的責任。

(2)內在紀律：教導學生發展內在紀律，主張不懲罰、不威脅、也不依賴報酬來引導學生向上。

3. 紀律訓練 3R

(1)補救（Restitution）：矯正偏差行為，同時補救對方的傷害或損失。

(2)解決方法（Resolution）：同意選擇一種方法，讓偏差行為不會再發生。

(3)和解（Reconciliation）：雙方和好，偏差行為學生承諾落實其決定，不得再犯。

（參考自張民杰，2011：332-334；單文經等譯，2004：283-313）

 ## 案例參考

案例一：教師提供必要的支持與資源

故事中的黃老師，在小宇最徬徨無助時伸出援手，提供必要的支持與資源，包括言語上的包容和鼓勵，以及行動上的支持。尤其是提供具體可行的讀書方法，讓小宇有了重新奮鬥的勇氣，從此痛改前非，因而改變了他的一生。黃老師真是小宇的貴人。

❀ ❀

臺中市某國中，有位擔任國一導師的周老師，她班上有一名學生阿和，父母因車禍雙亡，由撿破爛維生的祖父收養他，一直過著家境清寒的生活。周老師特別幫他向學校申請仁愛獎助金，另外又介紹他到學校合作社當工讀生。

可是這個孩子總是狀況百出，經常不交作業，對師長傲慢無禮，又喜歡到處惹是生非，動不動就對同學拳腳相向……。而從小生長在貧困家庭的周老師，特別能體諒這種沒有家庭溫暖的孩子，始終給予關愛的

眼神，經常找他個別談話。

有一次阿和又跟同學打架，被訓導處記了一支大過。周老師找阿和來，問明打架原因，原來是同學嘲笑他祖父是撿破爛的，阿和忍不住揮拳。

周老師不由得心中嘆了一口氣，問他：「你有沒有想過：你將來長大之後要做什麼？」

他搖搖頭：「不知道。」

「如果你還是這樣不求上進，只喜歡打架，將來長大怎麼辦？難道去當流氓？」

阿和卻回答：「那也沒什麼不好，至少大家都怕我。」

周老師很訝異地說：「怕你？天啊！你有沒有想清楚？當了流氓，人們也許會怕你，可是都打心裡瞧不起你，而且混黑道從來就沒有好下場：不是逃亡，就是被關，還有可能被槍殺。這樣也沒關係嗎？」

「……」

「而另一條路就不一樣了，如果你能勇於求知、勤於讀書，將來有了學歷，又擁有專長，不但會受人尊敬，而且也能有效地改善你目前的困境。記住，一邊是受人唾棄的流氓，一邊是令人尊敬的人才，你要選擇哪一邊？回去好好想一想。」

受到老師那一席話的影響，幾天之後，阿和漸漸想通了，他想用功，可是英語、數學兩科始終不得其門而入。後來，阿和主動地來找周老師，請求協助。周老師買了一套英語 CD 借給他，條件是每天放學後，他必須到辦公室來，把每天的英語進度背給老師聽；另外，她又幫他義務補習數學，條件是他要先預習。

從此，阿和不但不再打架鬧事，而且對待老師和同學也變得很有禮貌，很有上進心，懂得珍惜時光，不懂的功課會利用課餘時間請教老師或同學，功課愈來愈有起色，就像變了一個人似的。這是周老師提供必

要的支持與資源，讓阿和了解真實的自我，並發展內在紀律。

　　現在的阿和是某知名私立大學的大三學生，雖然仍在半工半讀，但對未來充滿著信心。每年教師節，他都不忘寄卡片給周老師，感謝她的再造之恩。

案例二：教導學生發展內在紀律

　　故事中的黃老師，平時就擅於以「言教」及「身教」的道德感召，希望喚醒學生本然的善心。因此，當老師提到家長養育子女的辛勞以及「望子成龍」的殷切心情時，小宇就忍受不了良心的譴責，主動地向老師懺悔自己荒唐的行為，並且從此改過自新、力爭上游。這是班級經營最成功的教師典範，那就是：教導學生發展內在紀律，來引導學生向上。

❀ ❀

　　葉老師是臺南市某國中的國一班導師，主要教授公民。上課時，葉老師教到「己所不欲，勿施於人」時，特別強調「同理心」的重要，要同學們經常能設身處地，為別人設想。並指定作業，要同學們在週記上，就「同理心」的正面和負面意義各舉出具體實例來。

　　到了下週一，批改週記時，果然發現一些正面的實例，例如：「覺得媽媽很辛苦，經常會自動幫媽媽洗碗、拖地……」、「在公車上看見懷孕的婦人，會設身處地，怕她有閃失而主動讓座」、「在大賣場發現有走失的兒童，將心比心，護送小孩到服務臺」，葉老師覺得教育還是有其功效。

　　然而，負面的實例更多，例如：

　　「我阿公阿媽在做紙類回收的工作，阿志居然當眾嘲笑我：『他家裡是撿垃圾的』，讓我感到很受傷。他為什麼這麼沒有同理心！」

「那天我們一起打籃球，我一不小心滑倒了，摔得好痛。沒想到阿豪居然幸災樂禍地拍手大笑：『哈哈，活該！摔個狗吃屎！』氣死我了！」

「那一天我們幾個同學一起到小君家去玩。她家的書房好大喔！可是小君對媽媽好兇喔！居然在同學面前對媽媽大小聲，她都沒有站在媽媽的立場想一想，我如果是她媽媽，一定很傷心！」

這讓葉老師廢然長嘆，深覺有再教育的必要。

不料這時學務處傳來消息，說班上同學小胖，在捷運上不但一個人獨占兩個博愛座，而且當兩位老人家請他讓座時，還出言不遜：「好吧，讓就讓吧！反正你們也快死了！」氣得對方打電話告到學校來。學務處準備記他一支大過，並請家長到學校來一趟，讓葉老師更是氣得說不出話來。

上課時，葉老師已經冷靜下來，他講了一個童年時的親身經歷：

「……八歲那年暑假，有一天午後，我那年近百歲的曾祖父坐在屋後乘涼，突然有個鄰村的婦人阿綢，跑到老人家跟前哭訴：『阿公，救命啦！阿發仔拿刀要殺我……』曾祖父安慰她：『不要怕！妳坐下來，我幫妳主持公道。』等到阿發拿著一柄柴刀趕到時，只聽到老人家大喝一聲：『畜生，跪下！』說也奇怪，那名壯漢果然乖乖地放下柴刀，應聲跪下。

那時四周圍除了那名帶刀的壯漢外，都是老弱婦孺。而流氓阿發，居然乖乖地跪在那裡，聽老人家教訓了半個小時之後，才默默地牽著自己的老婆離去。各位同學，為什麼百歲人瑞能馴服得了流氓？」

於是同學們紛紛發言：
「因為老人像張三豐一樣，功夫了得。」

「因為老人有錢有勢力。」

「因為老人是那個流氓的親戚。」

「都不是！」葉老師接著說：

「事實上是那個時代的人比較懂得『敬老尊賢』，同時也比較有『同理心』。別人的長輩，我們也把他當成自己的長輩看待；別人的小孩，我們也把他當成自己的小孩看待，連流氓也不能例外，否則將成全村公敵。我到現在印象都還很深刻：有一次村中有人遺失了一名小孩，結果全村幾乎總動員，徹夜找尋，直到找到為止。

這樣的『同理心』，很接近孔子『不獨親其親，不獨子其子』（不只是親愛自己的親人，還要親愛別人的親人；不只是疼愛自己的子女，還要疼愛他人的子女），以及孟子『老吾老以及人之老，幼吾幼以及人之幼』（孝養自己的長輩，並且推及到孝養他人的長輩；照顧自己的子女，並且推及到照顧別人的子女）的思想，是人性最可貴的一部分，我們一定要擁有！擁有的愈多，愈是有仁德的人；擁有的愈少，就會愈殘酷無情，以至於作姦犯科，成為國家社會的毒瘤。」

「我剛剛看了同學們的週記，發現不少同學都很有『同理心』，有的會主動幫媽媽做家事，有的在公車上看見老人和孕婦，會主動讓座，有的在公共場所，看見走失的小孩，會想去幫忙，這些都是人性善良的一面，值得鼓勵。可是我們不要忘了，人性還有卑劣自私的一面，如果沒有警覺之心，任其坐大，就會變成一個愈來愈可怕的人。」

「所以，同學們從小事起就要常常警惕自己：我是不是一個幸災樂禍、冷酷無情的人？會不會嘲笑別人的貧窮、倒楣？

會不會看到別人跌倒時，反而拍手叫好？會不會對父母，不但沒有感恩之心，還要頤指氣使、惡言相向？」

「更過分的是：最近還有同學在車上霸占座位，不顧他人眼光，還要出口傷人，罵老人家：『反正已經是快死的人了』，如果老人家是你的親人，遭到這樣的辱罵，你作何感想？老師希望這些缺乏同理心的人，下課後想辦法去補過！」

下課後，小胖主動到辦公室找老師懺悔，並在老師授意下，打電話向兩位老人家一一道歉，獲得他們的原諒；阿志和阿豪，也分別為他們的「自私」、「幼稚無知」和「沒有同理心」向同學道歉；兩天後，葉老師接到小君媽媽感謝的電話，說小君「流下懺悔的眼淚」，跟爸爸媽媽說：「對不起！」讓他們稍感安慰。

葉老師在心中默默地勉勵自己：「我一定要繼續努力，使『同理心』在學生心目中生根發芽，將來我們的社會、國家才會有希望！」

案例三：補救及矯正偏差行為

故事中的小宇，一度沉迷於網路遊戲，黃老師於是以道德感召的力量，喚醒小宇本然的善心，讓他忍受不了良心的譴責，而自動矯正自己偏差的行為，從此改過自新、力爭上游。當時，黃老師還提供了具體可行的讀書方法，及時補救，改變了小宇的一生。

❉ ❉

「老師，王義揚又打人了！」宋老師自從接任國二這班導師以來，就常常被王義揚這個孩子氣得胃痛。

義揚是單親家庭，媽媽離婚改嫁，很少聯絡；爸爸也經常不在家。據國一的導師表示：該生家長很少關心孩子，打電話也常常聯絡不上。

這孩子「遲到」、「曠課」、「恐嚇」、「勒索」、「打架」、「抽菸」、「不交作業」、「上課睡覺」……等樣樣都來，已被記了兩支大過、兩支小過，好不容易聯絡上家長，他爸爸居然很輕鬆地說：「妳看著辦好了！」只會把問題丟給學校。

剛開始，宋老師也想好好開導他，無奈這孩子就是不受教，妳說妳的，他總是一副滿臉不屑、愛理不理的死樣子，每次都被他惹得心頭火起；大聲罵他，他居然皮笑肉不笑，一副無所謂的樣子。有時還會反嗆：「老師，請不要噴口水好嗎！」

這一天晚上，宋老師一邊陪著就讀國小三年級的女兒做功課，一邊準備教材。她一想到王義揚，就覺得悶悶不樂。

女兒做完了功課，很貼心地問：「媽媽，有什麼事不開心嗎？」「沒什麼。」

「不然，我唸故事書給妳聽好嗎？」「好啊！」

「從前有個男孩，養了一隻烏龜，有一天，他想讓這隻烏龜探出頭來，但烏龜就是不肯。他試著用力拍打，甚至用棍子敲，無論他怎麼努力，烏龜總是動也不動，氣得他吃不下飯。他的祖父問明原因，便幫他想辦法。首先，他將正在煮飯的電鍋蓋上鋪了一塊厚布墊，再把烏龜放上去。不一會兒，烏龜因為溫暖而漸漸地把頭、四肢、尾巴都伸出殼外。男孩看了好開心喔！此時，祖父意味深長地告訴他：『當你要別人照你的意思去做時，不要用攻擊的方式，而要給他關懷和溫暖，這樣的方法反而更有效……』」

聽到這裡，宋老師恍然大悟：「對啊！我怎麼沒想到？」

她突然抱住女兒猛親：「寶貝，妳唸得太好了！」

第二天早上，宋老師正在學校的地下室吃早餐時，突然聽到一陣熟悉的聲音：「媽的，餓死了！喂，借點錢來花花！」她回頭一看，是王義揚。「義揚，過來！」他聽了，慢慢地踱了過來，仍然是一副桀驁不

馴的模樣。「你也還沒吃早餐嗎？來，坐下！老師請你。」他一副不敢置信的樣子，遲疑地說：「真的嗎？」還是坐下了。

宋老師一邊幫他叫了一碗麵，一邊說：「有一件事我一直忘了謝謝你，前兩天小瑞被別班同學勒索，幸虧你路過，幫他解圍……」

他不好意思地搔搔頭：「那沒什麼啦！小瑞是我的朋友。」

他們邊吃邊聊：「你知道嗎？你長得很像我弟弟，連個性都像，很倔強、很叛逆，其實心地很善良……」

宋老師一改過去嚴肅、說教的口吻，她滿臉含笑，很親切、很友善，讓義揚受寵若驚。等到她幫他叫第二碗麵時，他終於完全卸下心防，他們聊得很愉快。

原來義揚的爸爸事業做得不太順利，每個月只給他三千元伙食費，義揚又不太會量入為出，總是月初擺闊，月中就開始捉襟見肘，於是到處恐嚇借錢，甚至毆打同學出氣。

宋老師一面動之以情：「我們也算有緣，你當我弟弟好了。」一面喻之以理：「你有沒有被強迫借錢的經驗？心裡會覺得舒服嗎？」一面恫之以法：「還好沒有人報警，要不然你就慘了！」並一面提出解決辦法：

一是由義揚提出他曾經借過錢的「金主」名單及金額，老師先借錢給他還債，每天放學在學校勞動服務抵債。

二是讓他每天中午在學校合作社工讀，養活自己。

三是幫他向學校申請「仁愛清寒獎助金」（每月兩千元）。

四是每禮拜六、日教老師的女兒打籃球（每小時三百元）。

五是若有急用，可向老師借錢，將來再歸還（但必須要有正當理由）。

六是教導他「量入為出」的觀念，並要求他每天要記帳，剛開始一個月內天天給老師過目，以後每個禮拜給老師看一次就可以。

　　從此，宋老師經常給予關愛的眼神，經常當著全班面前誇獎、讚美他，還常邀他到家中玩。漸漸地，義揚不再打架鬧事，也不再恐嚇取財，功課也逐漸進步。而且從此以後，他們班的「秩序」、「整潔」比賽屢屢得到冠軍，宋老師發覺：有義揚幫忙督促，比老師還管用。

　　宋老師現已退休，每天在家含飴弄孫，頤養天年，每年教師節都會收到王義揚的賀卡。義揚現在是警官，官拜巡佐，他特別具有愛心，經常拜訪獨居老人，並出入育幼院，除了捐輸財物之外，並義務指導孤苦學童做功課。

挑戰性問題

1. 您是否同意本節「校園故事」中教師之各項作法？是否有其他補充或不同意見？

2. 針對上述三個案例，您有何心得？或有其他相關的案例可提出來分享？

3. 您是否真的相信每個學生都是「無價之寶」，都有「無限潛能」待開發？

4. 您如何提供相關的資源與支援，以協助學生了解自己的潛能特質和興趣專長等方向？

5. 什麼樣的創新教學活動，足以激發學生勇於表現自己、活出自我價值？

6. 不懲罰、不威脅，也不依賴報酬、賄賂，卻能夠養成內在紀律；請問要怎麼做才有效？

7. 如何教導學生運用「紀律訓練3R」來處理其不當行為？請舉實例或具體步驟和方法。

8. 為落實本節「內在紀律模式」的各項主要原則，應有的基本理念和配套措施為何（例如：a.教學目標，b.教學內容，c.教學方式，d.教學活動，e.學習型態，f.補充教材，g.教具媒體，h.教學評量，i.學生輔導，j.師生關係，k.親師關係，l.班規建立，m.班級組織運用，n.班級氣氛經

營，o.教室環境營造，p.校園危機處理等方面）？試擇其一二項論述
之。

 教師妙錦囊

妙錦囊一：提供必要的協助，讓學生恢復信心

　　一般孩子在誤入歧途、自暴自棄時，這時當師長的，再多的責備和
懲罰，不但無濟於事，反而會加深其沉淪。只有以「愛與關懷」的方式
道德勸說，讓他了解真實的自我，孩子才能自行發展其內在紀律、有悔
悟之心；這時教師還要提供其必要的支持與資源，讓孩子有了攀援的梯
繩之後，也會有重新奮鬥、走出泥淖的信心和勇氣。

妙錦囊二：激勵學生勇敢地表現自己

　　每個孩子都有其優點及特長。但在升學主義的教育下，「萬般皆下
品，唯有讀書高」，不會讀書的小孩愈來愈缺乏自信，因而埋沒了許多
人才。教師應以「行行出狀元」的觀念，激勵學生勇敢地表現自己，活
出自我的價值，努力造就自己，秀出自己的專長。

妙錦囊三：教導學生對行為負完全的責任

　　每個孩子終究要長大而獨立承擔生活與工作的一切，是否有責任感，
為孩子是否成熟的表徵。因此，為人父母、師長者，從小就要教導孩子：
讓自己成為自己生命世界的主人，所以應對其行為所發生的問題，負完
全的責任。此事關孩子一生成敗，不容忽視。

妙錦囊四：教導學生發展內在紀律

　　孩子犯錯時，當父母和師長的，如果只是威之以勢、懲之以罰，或
誘之以利，孩子只會表面服從，儘量避免被查獲而已。如能動之以情、

喻之以理、導之以德，孩子才能衷心悅服，自行發展其內在紀律，而一心向上。

妙錦囊五：矯正孩子的偏差行為並給予補救

　　學生有了偏差行為，教師應先了解其原因，幫其找出解決方法，學生才不會因無力解決而一錯再錯。同時還要道德勸說，讓犯錯者發之內心想改過，才能保證其永不再犯。另外，為了教導孩子負責任的態度，若是其偏差行為曾傷害到他人，一定要讓他設法補救對方的傷害或損失。

第三節　閱讀是教育的靈魂

～喜愛閱讀的人，正如同站在巨人的肩膀上，他的視野將無限地寬廣

強森、強森（D. Johnson & R. Johnson）【合作學習 3C 模式】：
所有教育有關人員應通力合作，以達成教育的共同目標

 **校園故事**

幾年前，臺北市明倫高中有一群國文老師，有鑑於學生因升學壓力，致使課外閱讀量不足，語文程度明顯較低落，於是這些熱愛閱讀的老師——王碧華、任君玫、陳思榕、謝端純、黃維智、林文玲等人，以「好東西要和我們最愛的學生分享」為出發點，用「這是我生命中最美好的活動」之心情，立志將「閱讀」推薦給孩子們。

首先，她們提出「書香園」的構想，規劃透過教師團隊研發的「主題閱讀」學習單及辦理競賽活動、閱讀集點卡和網路班級書香的心得分享等活動，以建構「書香校園」為目標，藉以提升明倫高中的閱讀風氣。她們的構想，當時受到教務處王文珠主任（現任明倫高中校長）及圖書館陳素貞主任的大力支持，於是一連串的活動如火如荼地展開。所謂「德不孤，必有鄰」，緊接著，有林宴寬、林宛儀、楊子儀、張瑜純、洪玉娟……等老師，紛紛加入。

「主題閱讀」的設計，主要是要讓學生真正深入而反覆地去閱讀整本書，而非走馬看花。於是幾位老師們，不但要煞費苦心，挑選出合適的書供同學們閱讀，還要絞盡腦汁擬出學習單，從書中找出相關的問題讓同學們回答。

　　以謝端純老師為例，她曾在所任教的兩班高一新生，全力推動「主題閱讀」，規定學生在每個學期要繳交兩篇「主題閱讀」學習單，以及兩篇「書香園」心得（可任選自己喜歡的書籍撰寫心得，並上傳到國文科書香園網頁，藉以彼此交流觀摩）。

　　不料同學們興趣缺缺，不但班級買書份數不多，並且紛紛在週記上抱怨：「為何要限制我們閱讀的書籍呢？」尤其是寫「主題閱讀」學習單，同學們反應：「學習單的題目太難了！我已經看完整本書，卻依然不知道如何回答？」、「這樣不是剝奪我們學習的樂趣嗎？讓我們寫讀書心得就好了！」

❋ ❋

　　謝老師於是動之以情，積極與同學們溝通，說明老師們的理念及用心，希望藉由題目的引導，讓同學們能更深入地閱讀；又誘之以利，告訴他們：「若對書的內容有統整概括的能力，並能深入思考，將來面對升學大考的語文表達能力，一定會有很大的幫助！」但成效仍不大，一學期下來，大多數同學繳交作業時都敷衍了事，對於學習單的提問也未能深入的作答，顯然許多同學採取的是消極抵制的作法。

　　但謝老師仍然堅持做對的事。她想盡辦法，首先引起同學們閱讀的動機，例如：推《雨啊！請你到非洲》這本書時，先介紹作者金惠子是韓國明星，曾參與演出「野蠻王妃」，讓同學們眼神為之一亮，接著講述非洲的悲慘狀況：許多小孩被迫當童工、游擊兵，長期處在飢餓當中……等，引起同學們的同情心。

　　又請已經閱讀過本書的同學上臺分享，介紹其中的精彩片段，例如：書中有一篇「染血的鑽石」寫到：獅子山共和國為了搶奪鑽石，爆發血腥內戰，叛軍瘋狂掃射無辜村民……。當這位同學眼眶泛紅，說出內心的不捨與難過時，臺下同學也深受震撼，自然會想一窺究竟。

　　另外，還有作品的分享觀摩。有時謝老師會直接唸出同學的作品，或是從電腦播放佳作，讓大家一起「奇文共賞」，或是影印七份，每排傳閱。老師也會與他們討論：「這篇文章好在哪裡？」，這些方法，不但能使同學精神為之一振，而且也因為是大家共同看過的書，更能引起共鳴。

　　例如：有位黃婷同學寫《不存在的女兒》的讀書心得：「我哥離開後，我不知道自己是什麼樣子？但我從這本書裡看到了自己，患得患失、強顏歡笑，永遠甩不掉的陰霾……，我有點害怕看這本書，是不是代表我害怕面對自己？除了這是一個感人的故事外，它也穿透了我的心……」她藉著與書本對話，撫慰自己憂傷的靈魂，讓同學們深受感動。

✽ ✽

　　也因為老師的因勢利導，同學之間常有機會彼此討論、互相推薦，而且精彩生動的口述更勝於書評的介紹，在好奇心的驅使之下，自然會去借閱，無形中也提升了閱讀風氣。

　　謝老師除了鼓勵同學將讀書心得上傳到國文科書香園網頁外，還鼓勵他們參加網路讀書會比賽，許多同學也改寫自己之前「主題閱讀」或「書香園」的作品參加，那一次該校約有四十位同學得獎，許多理組的同學也名列其中，更讓他們喜出望外。因為同學們的得獎，無形中也鼓舞一些人，有許多人更願意提筆為文，作品也愈來愈有深度。

　　而學校方面，為了配合「主題閱讀」計畫，陸續推出班級書香園心得分享活動，每學期定期辦理閱讀深度座談──大師開講活動，邀請作家親自到校園，與青年學子近距離對話，例如：《蟲洞書簡》的作者王溢嘉先生、《鹽田兒女》的作者蔡素芬小姐、《法拉第的故事》的作者張文亮教授，以及洪蘭教授、李家同教授、朱嘉雯教授……等，學生不僅從「主題閱讀」的引導中，學習從不同角度欣賞與理解文學作品，更

透過與作家或教授的對話，能深入理解許多作品背後的意涵及作家的生命故事，此不僅加深了孩子們的學習深度，更擴大了他們的生命視野。

漸漸地，買書的同學增加了，寫作業也愈來愈認真，可以與同學分享的作品增加了，連上課的態度也改變了，讓謝老師深為欣慰，一番苦心總算沒有白費。尤其是學期末，謝老師批閱最後一次「主題閱讀」作業，竟然有著意外的驚喜。她說：「感覺上好像每個人都卯足了勁，盡情發揮，從題目之中找到與自己對話的空間，深入剖析，我能感受他們的用心，內心有著滿滿的喜悅。」

看到幾乎每一篇都是飽滿紮實的文字，以及許多篇令人驚豔的佳作，謝老師除了喜悅，還有感動。問他們為何有這麼大的轉變？

有位毛景姿同學表示：

「能被老師逼著寫心得，我真的收穫良多，班上許多人也是如此，原先對這項作業興趣缺缺，最後都不由自主的加入。……直到寫《生命教育》學習單，開始和自己的心靈對話，邊寫邊哭，無法自己，這是生平第一次寫到淚流滿面的作品。之後許多同學看過之後都說很感動，我才相信自己也能寫出感動人的文章。」

又如薛珮沁同學說：

「高一時不重視閱讀心得寫作，到高二時，老師積極推動『主題閱讀』，當時心想：『全是麻煩、討厭與無奈。』但自從其中有一篇文章被老師挑出來稱讚後，心裡很開心，發現原來自己的文筆也不差啊！因此我也參加了全國網路讀書心得比

賽，而每次得獎，更激發我寫作的動力。若有人問我：『寫主題閱讀會不會覺得麻煩？』我一定第一個跳出來回答：『不會！寫作是件快樂的事！』」

後來有許多畢業校友在臉書（Facebook）上留言，例如：長庚大學的譚家迎同學說：

> 「剛開始覺得『主題閱讀』是件很麻煩的事，不僅要在一定時間內看完那本書，而且吸收後還要轉化成讀書心得，覺得有些困難。但是經過多次磨練後，發現要在短時間內寫出一篇完整的文章，變得比以往容易許多。成為大學生之後，雖不再有許多寫作文的機會，卻可以應用在蒐集資料的整理上，因此我覺得『主題閱讀』是一個不錯的學習方式。」

❋ ❋

目前，推動「主題閱讀」早已成為明倫高中的特色，許多明智的家長們，不但抱著感恩的心，大力支持，而且也組成讀書會，大家一起來閱讀，親子之間就有共同的話題了。

例如張玉潔女士說：「自從女兒上了明倫高中後，就比較愛看書了。『媽媽，這本書不錯喔！有空可以看看』，這是女兒俐安最近常分享的一句話……。感恩明倫有這麼好的老師辛勤耕耘，培養明倫學生終身受用的能力」。

葛鳳文女士也是，有一天，她看到孩子書桌上，有一本學校「主題閱讀」指定的書——《燭光盛宴》，於是也隨手拿起來閱讀。書中寫到戰亂造成的家族衰敗、親人的失散，想起自己父母當年的苦難與辛酸，不禁流下眼淚。晚上兒子回來後，不但跟她推薦這本書，母子之間還更

進一步的討論家族史。「因為經由書中的描述，孩子較能深刻且能想像到當時的情景……，藉由書本的閱讀，不但拉近親子之間的距離，豐富家庭生活氣氛，且能造就孩子的未來。」葛女士說。

（以上節錄自智庫文化出版的《原來閱讀這麼有趣》）

　　明倫高中的孩子有福了！因為有一群用心良苦的國文老師們，多年來的堅持，讓明倫的孩子既愛閱讀，也懂得閱讀，正如同洪蘭教授多年來所提倡的「閱讀豐富人生」。相信這些喜愛閱讀、站在巨人肩膀上的孩子們，將來會更有璀璨的人生，也更具有社會競爭力。而這群多年來默默耕耘的可敬老師們，是否很值得其他為人父母和師長者見賢思齊呢？

 ## 班級經營理論

強森、強森（D. Johnson & R. Johnson）【合作學習 3C 模式】

1. 第一個 C：合作（Cooperation）
   (1)教師、學生、教育行政人員、家長、社區成員等應有效溝通，並通力合作，以達成教育的共同目標。
   (2)合作學習：教師的職責就是要讓學生有跟同儕合作學習的機會，例如：分組活動、分組討論、團體報告、列計團體成績等。
   (3)合作學習的優點是可以促使學生之間形成關懷與承諾關係，增強參與程度，提高學習成效。
2. 第二個 C：衝突解決（Conflict Resolution）
   (1)學校的暴力預防方案需超越暴力防治本身，更需要訓練衝突解決，以提升成效。
   (2)教師對於可能暴力衝突的雙方，提出能使雙方獲得最大共同利益的幾項替代方案，讓雙方共同決定。

3. 第三個 C：公民價值（Civic Values）

(1)教師要協助學校社群，創造出共同的目標與價值，據以界定何者
　　為適當的行為。

(2)教師在進行班級經營時，就應該率先實行這些價值，例如：合
　　作、關懷、尊重與責任等。

（參考自吳明隆，2012：351；單文經等譯，2004：394-403）

 案例參考

案例一：通力合作，達成目標

　　多年前，明倫高中以王碧華老師為首的一群老師，秉持著身為國文
老師的道德良心，立志將「閱讀」推薦給孩子們。她們的構想受到校長、
教務主任及圖書館主任的大力支持，許多老師紛紛加入。

　　此舉也受到洪蘭教授、李家同教授等多位大師級人物的青睞，紛紛
受邀到明倫高中演講。而家長們不但抱著感恩的心，舉雙手贊成，而且
還以親子共讀的方式使親子之間有了共同的話題。

　　最困難的反而是學生本身，一開始老師們要想盡辦法「威脅利誘」，
學生從當初的「怨聲載道」、「消極抵抗」，到後來的「甘之如飴」、
「享受珍惜」。這其中的蓽路藍縷、委屈辛酸，相信這群熱心推動「閱
讀」的老師們，必定點滴在心頭。

　　可見，為了「推動閱讀」這個偉大的任務，教師、學生、教育行政
人員、家長等，必須做多少次有效溝通，並通力合作，才能達成這樣的
共同目標。

❀ ❀

　　我曾經在臺北市某國中，帶一班國二生，陸陸續續從學生的聯絡簿及個別談話中，發覺他們普遍的心聲：「讀書好辛苦……」、「念書好痛苦……」，「辛苦」也許無法避免，但「痛苦」就不對了。

　　有一天上課時，我講了《湯姆歷險記》的故事。大意是：

> 「少年湯姆，是個孤兒，被寄養在姑媽家。有一次因為犯錯，被姑媽懲罰，必須限時完成粉刷一堵牆壁的工作。湯姆在烈日下工作，卻故意裝作一副『樂在其中』的樣子，吸引許多小朋友心癢難熬，紛紛拜託他，才換得刷幾十下牆壁的權利。於是在大家搶著去粉刷的情況下，牆壁被粉刷得又快又好。湯姆不但勝任愉快地完成姑媽所交代的任務，還因此得到小朋友送給他『刷牆壁權利』的交換禮物：蘋果、彈珠、漫畫書、玩具……等許多戰利品。」

　　這說明了一件事：快樂是自己找的，只要自己能轉換心態。

　　小欣舉手發問：「讀書也可以快樂嗎？」我說：「當然可以！只要妳化被動為主動。」於是我又為他們講了另一個真實的故事：

> 「從前，臺北市某國中有幾位胸懷大志的少年男女，他們覺得：『只有在年少時努力汲取知識學問，長大之後，才能成就一番大事業。』因此他們八個同學，跨年級組織『讀書會』，從此課餘自動留校讀書，互相鼓勵，彼此切磋。如今，長大之後的他們，有一位是將軍，一位是某大企業董事長，一位是總經理，一位留學後移民國外，有兩位是教授，兩位是國、高中教師……。」

　　小怡聽了有點心動，問：「我們也可以嗎？」我說：「當然！」當晚就有幾位家長來電詢問，沒想到家長們很用心地在辦這件事。

　　幾天之後，有家長及其子女共二十四位一起開家長會，籌組「讀書會」，請校長、總務主任及導師列席。當時我建議家長：「成立的目的，不在於訓練學生成為考試的機器，而是把讀書的主控權交還給他們，並且借助於同儕互動的良性影響，大家都能健康而快樂地自我成長，懂得力爭上游，也懂得人際溝通與協調……。」

　　校長當場裁示：「同意借出半間空教室，但必須由家長輪流照顧及監督。因目前惡性補習盛行，為避免瓜田李下，請本校所有同仁，不得在場授課。」於是「讀書會」正式成立。

　　讀書會共有十二位同學參加，他們利用每天晚上、週六下午、週日及寒暑假都留校自修，由班長小怡帶著大家一起讀書、考試、訂正、討論功課，遇到無法解答的問題，就到辦公室請教任課老師，或拜託我陪他們找其他老師，或安排家教老師專門到校提供授業解惑。

　　而教室內完全由家長輪流坐鎮，負責維持秩序、照顧飲食、聘請臨時老師、購買考卷…等事宜。有時他們也會一起到操場打球或在草地上念書、跑道上慢跑；有時幾位家長也會邀我一起，帶他們到陽明山爬山或泳池戲水……等。

　　畢業後，這些讀書會成員大多很幸運地考上公立高中，而且四年後，全都考上大學。

　　最彌足珍貴的是：大家都擁有像兄弟姊妹般深厚的情誼，畢業後雖各奔前程，有半數成員現在人在國外，但經常互通 email，互相關懷、互敘衷曲。有時一談起來，大家都認為國中「讀書會」歲月，是最值得懷念的快樂時光。

案例二：率先實行共同的目標與價值

　　多年前，臺北市明倫高中那一群有遠見、肯犧牲奉獻的國文老師們，

為了有效提升學生的國語文能力，於是以「培養學生喜愛課外閱讀」為共同目標，任勞任怨、只問耕耘、不問收穫，總算十年耕耘有成。

每位老師推動之初，都要以規定、強迫做為手段，或者以「威脅利誘」的方式，但只要學生「食髓知味」，便會產生自主、持續的閱讀習慣，並且回饋得相當踴躍。而從學生的回饋中，這才發覺，閱讀的好處是說不盡的。

例如：「訓練思考能力，了解如何與自己對話」、「心思更細膩，想法更成熟」、「親子共讀，交換閱讀心得，增進親子間感情」、「從閱讀愛上寫作，建立自信」……等。

感謝明倫這些可敬的教師們，率先實行共同的目標與價值，明倫的學生們今天才能嚐到甜美的果實。

❁ ❁

其瑞就讀臺北市某國中，國二時，媽媽罹患癌症，而且是末期，其瑞因此鬱鬱寡歡。

班導師毛老師知道後，除了安慰他，在班上帶領全班禱告，為其瑞的媽媽祈福外，還常常到醫院去探視、慰問她，讓其瑞感動不已。媽媽過世後，其瑞更加痛不欲生，這其間毛老師不但常常擁抱他、安慰他，陪他一起掉眼淚，還特別拜託同學們好好照顧他。

不只是其瑞，毛老師對待每一位同學都是如此。對於受挫的同學，總是以關愛的眼神，噓寒問暖；對於犯錯的同學，總是以憐憫的眼神，溫和勸說；對於生病的同學，更是像對待親人一樣地關心與照顧。

例如：班上的小同罹患重大疾病，住院兩個月，毛老師鼓勵全班同學：「儘量給予溫情的關懷！」於是在小同住院期間，幾乎每天都接到同學們藉著手機簡訊、email，傳來許多加油、打氣的話語，並且經常有同學到醫院去探視，讓她感到很溫馨。

　　而毛老師除了經常去探視她外，知道她是單親家庭，母親又在失業中，無法支付龐大的醫藥費時，毛老師出錢出力，還運用自己的人脈，發動全校募捐，解決了許多棘手的經濟問題。後來，小同出院回校上課，老師和同學都來問候，誠摯地歡迎她，甚至有許多同學給她一個溫暖的大擁抱，讓她好感動！

　　後來，小同媽媽也特別到學校來，對毛老師表達由衷的感謝之意。原來小同之前曾經就讀另一所國中時，也曾發病住院，班導師不但漠不關心，從未探視，而且還打電話去，暗示家長辦理休學或轉學，以免拖垮全班段考的總平均成績，讓小同媽媽為之氣結。因為老師的影響，同學們對生病的小同也是冷漠以對，令人心寒，最後只好轉學。小同媽媽感嘆地說：「同樣是學校，同樣是老師，冷漠和溫馨之間，為什麼差那麼多？」

　　原來毛老師的班級經營，特別重視同學之間的合作、關懷、尊重與責任，並且把它們當作核心理念來加以經營。就因為毛老師率先實行共同的目標與價值，因此同學們能體會到：「帶給他人溫暖是我的責任！」這其實都是教出來的。

 ## 挑戰性問題

1. 您是否同意本節「校園故事」中教師之各項作法？是否有其他補充或不同意見？
2. 針對上述兩個案例，您有何心得？或有其他相關的案例可提出來分享？
3. 「合作學習」有何優缺點？什麼科目、活動適合採取合作學習的方式？
4. 「合作學習」有項讓人質疑的地方就是：勞役不均、有人坐享其成。您如何設計評量方式，以有效解決此項問題？
5. 在教室內或集會場所，您有沒有辦法不用喊叫「不要講話！」、「請保持肅靜！」，就能維持秩序？

6. 如果您遇到兩位學生激烈爭吵，甚至差點動起武來？您如何處置？有什麼方法能真正解決他們的衝突？

7. 您如何訂定班級的「公民價值」？並且有效地在班上施行？

8. 為落實本節「合作學習3C模式」的各項主要原則，應有的基本理念和配套措施為何（例如：a.教學目標，b.教學內容，c.教學方式，d.教學活動，e.學習型態，f.補充教材，g.教具媒體，h.教學評量，i.學生輔導，j.師生關係，k.親師關係，l.班規建立，m.班級組織運用，n.班級氣氛經營，o.教室環境營造，p.校園危機處理等方面）？試擇其一二項論述之。

 ## 教師妙錦囊

妙錦囊一：親、師、生、行政，通力合作，達成目標

　　校內的許多活動，往往並非教師一人就可單獨完成。因此，教師應具備主動溝通協調的能力，無論是對學生、家長或學校行政人員，都要以誠相待，必要時才能尋求對方合作，有效達成目標。平日應熱心助人，以累積將來與對方通力合作的善緣。

妙錦囊二：讓學生有跟同儕合作學習的機會

　　目前社會受少子化影響，很多孩子唯我獨尊，不懂得如何與人相處。若讓學生有跟同儕合作學習的機會，他才能從做中學，將來才能適應人群。因此，教師應積極鼓勵孩子踴躍參加「分組討論」、「分組實驗」、「分組上臺報告」、「班際競賽」等活動，這是絕佳的學習機會。

妙錦囊三：處理學生衝突，要公平公正

　　學生之間，難免會有些小衝突，身為教師，對於可能暴力衝突的雙方，處理時應力求公平公正，切忌單憑己身好惡而有所偏頗，以免衍生

更多的問題。最聰明的作法是：提出能使雙方獲得最大共同利益的幾項替代方案，讓雙方共同決定，才能創造共贏。

妙錦囊四：許多價值，教師必須率先實行

身為教師，要有使命感。在每個學年之初，進行班級經營之前，就要先考慮清楚：這一年最值得本班實現的最大目標是什麼？例如：養成「行善助人」或「慢跑健身」或「課外閱讀」的好習慣。確定目標後，教師應全力以赴，率先帶著孩子去實行，造就孩子的好未來。

妙錦囊五：教師應協助學校，發展特色

教師可根據學校設備或周遭人文及地理環境，協助學校努力發展學校的特色，以造就全校學生德、智、體、群、美等五育中任何一項為優先考慮。一個有特色的學校，不只能提高其知名度，而且要做到「近者悅，遠者來」，全校師生都以它為榮。

Chapter 4

舒緩過度升學壓力

　　長期以來，台灣教育最大的問題，就是始終存在著「讀書第一、升學至上」的迷思，不論孩子的資質如何、性向是什麼，一律要考出好分數才能得到肯定。因為過度的升學壓力，使得許多莘莘學子感到很不快樂。

　　十二年國教實施後，將以「免試入學」為主，也就是說，大多數的國中畢業生不必參加升學考試，就能進入高中、高職或五專就讀；只有少數想搶進明星學校的學生，才需要在考場上競爭。照理說，升學壓力可望降低。

　　但，升學壓力會降低嗎？雖然十二年國教是以「校校有特色、區域均優質」為目標，但如果家長的舊觀念不改，認為非讓學生搶進明星高中的窄門，否則就沒有前途；教師的舊思維不變，以為非如此不足以稱名師——若如此，則惡性補習及不正常教學將更加劇，升學壓力就不可能減輕！

　　本章第一節「水乳交融的師生情緣」指出，老師不是只重升學，而是應引導學生五育並重、發掘各種學習樂趣，旨在使學生有機會認識自己，找出自己將來想走的路。

　　第二節「沒有升學壓力之下的桃花源」，內容為一群功課不好的孩子，只因老師沒有放棄他們，反而能超越「升學桎梏」，而能更輕鬆自在地學習。

　　第三節「改變家長的傳統觀念」，主要在闡明「行行出狀元」的理念，讓孩子擺脫過度升學壓力的痛苦。

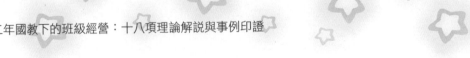

第一節　水乳交融的師生情緣

～和學生建立互信關係，引導學生五育並重，發掘各種學習的樂趣

葛萊瑟（W. Glasser）【現實治療模式】：

引導學生發覺讀書和學習的樂趣，是滿足學生最大的需求

📘 校園故事

　　曉慧自師大國研所畢業後，好不容易取得教師資格，又過五關、斬六將，參加無數次的筆試、口試、試教，終於獲得教師聘書，擔任某國中的代課老師。八月中旬，她滿懷興奮地去報到，順便到辦公室去拜訪其他老師。

　　辦公室有幾位上輔導課的老師正在備課，其中兩位年輕的女老師，很親切地表達歡迎之意，並好意地告訴她，她將要帶的班級是全校公認的問題班，有許多問題學生，經常跟老師搗蛋，不但上課時總是「雞飛狗跳」，而且每次整潔、秩序比賽都是最後一名，甚至上學期還發生毆師事件：「該班的前任導師在上課時，因禁止學生在課堂上拍照，上前去搶學生的手機，結果師生扭打成一團，那位女老師還被學生壓倒在地，之後就憤而離職……。」

　　曉慧就像被潑了一桶冷水似的，一顆心涼了半截，鬱鬱寡歡地回到家。她爸爸是位退休的國中老師，問明原委後，連忙安慰她：「不要怕！事在人為！妳知道洪蘭吧！」以下是他轉述洪蘭曾講過的一個故事。

❀ ❀

「我妹婿是美國人，從小就嚮往外面的世界。高中一畢業就去阿拉斯加伐木存錢，想先環遊世界，再回學校念書。後來發生了一件事，影響了他的一生。

有一天，他在阿拉斯加山上打工時，突然聽到狼嗥聲，原來是一隻母狼，腳被捕獸器夾住，正在哀嚎。

他想釋放母狼，但母狼很凶，無法靠近，又發現母狼在滴乳，這表示狼穴中還有小狼。他找到狼穴，將四隻小狼抱來母狼身邊喝奶，以免餓死。他也把自己的食物分給母狼吃，晚上還在附近紮營，以便保護這個狼家庭。

一直到第五天，他去餵食時，發現母狼的尾巴稍微搖了搖，他知道自己已開始獲得母狼的信任了；又過了三天，母狼才讓他靠近，讓他把捕獸夾鬆開。母狼得到自由之後，熱情地舔了他的手，並讓他替牠的腳上藥之後，才帶著小狼離開，一路上還頻頻回頭望著他。

他坐在大石頭上想，如果人類可以讓凶猛的野狼來舔他的手，成為朋友，難道人類不能讓另一個人放下武器成為朋友嗎？他決定以後先對別人表現誠意，對方一定也會以誠相報，他絕不相信人類連禽獸都不如。

他在走遍世界兩年之後才回到大學去念書，畢業後出來就業。他工作得很順利，可以說是平步青雲，一直做到總工程師。

他的人生如此順利的原因是他處處以誠待人，總是先伸出友誼之手，常常無條件幫助別人，不斤斤計較。因此他在公司爬得很快，每年都升一級。最重要的是，他每天都過得很愉快。他也一直很感謝『阿拉斯加馴狼』的那段經驗，因為這使他一生受用不盡。」

* *

最後她爸爸意味深長地說：「放心吧！只要妳有心，天下無難事，連野獸都可以感化，更何況是人類！」並面授機宜，令她信心大增，立即展開行動。

隔天，她先去拜會學務處、輔導室，獲得學生資料卡、家庭訪問紀錄簿、個別談話紀錄簿等，第二天又專程拜訪或電話聯絡該班原任導師及任課老師，第三天開始研讀資料，並努力備課⋯⋯。

開學典禮之後的第一節課，她帶著陽光般的笑容踏進教室，親切地向學生自我介紹，並胸有成竹地指定人選，擔任班級幹部。也聲明如果不適合，可於一個月後改選，接著便開始上課。

她上起課來唱作俱佳，經常夾雜著許多小故事、小笑話，非常生動精彩。學生由剛開始的冷漠、敵視，漸漸轉成興致勃勃、全神貫注。上課期間，她經常請同學起來回答問題，答對的就給一顆糖果。她就像多年老友一樣，隨口正確地「以面識人」，認出每一位學生的姓名，連興趣、嗜好、家長職業都一清二楚，讓同學們更是驚呼連連。幾堂課下來，每個學生都感受到她那關愛的眼神，一顆心暖烘烘的。

她幾乎每節下課都會找同學聊天，有時候是一群人，有時候是一個人，在教室、走廊、辦公室，都有他們師生融洽談心的背影。

她不但能與同學們談心，也善於說理，讓學生心服口服，例如：有一次，她發覺小志最近常常上課打瞌睡、作業缺交、功課大幅退步，於是便找他個別談話。原來小志來自單親家庭，最近因為陪媽媽擺地攤，以致於影響功課。曉慧緊緊地握住他的手，很懇切地說：「老師很欣賞你的孝順、體貼、懂事，但這個不能拿來當作藉口！愈處在困苦的環境就要愈積極奮發才對！將來才有成功的一天。成功的人想的是如何解決問題，而失敗的人想的是一大堆藉口！」

❋ ❋

　　在老師的鼓勵及指導之下，小志從此特別懂得利用所有的零碎時間。他利用早自習前、下課十分鐘及午休時間補眠；上課時間就很專心地把老師的講課重點深印在腦海，並利用放學後擺攤前寫作業；又利用擺攤空檔的零碎時間看書或回想。……

　　小志的功課果然大有起色。曉慧於是當眾表揚、讚美他，請他把讀書方法分享給大家，當他上臺報告「時間管理」的經驗談後，博得同學們如雷的掌聲。

　　到後來，曉慧老師不但讓「時間管理」的概念深入人心，使得許多同學因此功課進步不少，就連「沒有藉口」這樣的觀念也漸漸地影響著同學。有一次在班會時，同學們在檢討班際籃球賽輸球的原因，有一位同學怪罪數學老師，說是因為「老師不准同學在數學課集體請假到現場為籃球隊加油」所致，話還未了，就有許多同學異口同聲地大喊：「沒有藉口！」讓全班同學以及老師都笑翻了。後來班隊成員一致決議：今後放學，每天留校苦練至少一小時，以便將來一雪前恥。曉慧樂觀其成，放學後也經常留校陪他們。

　　曉慧每天都跟家長電話聯絡，一開口都是讚美其子弟的優點，讓家長大為感動：「謝謝妳幫他挖掘出這麼多優點！為什麼其他的老師每次打電話來，都只會指責他的不是？」

　　她會跟同學們一起唱流行歌，不論是李聖傑的「痴心絕對」、周杰倫的「青花瓷」，還是蕭亞軒的「類似愛情」、黃妃的「追追追」、蔡依林的「日不落」等，都能朗朗上口，讓學生們都覺得很親切！感覺她不像是老師，而是鄰家的姊姊。

❋ ❋

她每天也會陪學生早自習，跟同學一起「午餐聊天」，陪他們午睡，帶他們一起打掃，放學後還留校陪他們打籃球、排球，遇到班際比賽還要當啦啦隊長，為他們加油，買飲料慰勞他們。

她設立「榮譽卡」制度：凡「德、智、體、群、美」等五育有優異表現者，都給榮譽卡，期末「論功行賞」。期中考、期末考表現良好以及進步較多者，還會請他們上館子吃牛肉麵。

一年過去了，這個「問題」班級被徹底改造成「模範」班級，整潔、秩序比賽每週都得第一，學生們個個守規矩、有禮貌，懂得感恩，功課也有長足的進步。

一年期滿，曉慧老師也要離開了，到最後一節課，全班同學都圍繞著她，哭喊著：「老師，不要走！」讓曉慧也忍不住紅了眼眶。

暑假期間，該校釋出一名「國文科教師」的正式職缺，校方通知她去應考。她的「筆試」成績並非最高，但「口試」及「試教」成績，不約而同地被評審老師們打了第一高分，她終於成了正式教師。

另一個學期的開始，班上同學見她又回來了，瘋狂地圍著她又叫又跳，紛紛流下喜悅的淚水。

 ## 班級經營理論

葛萊瑟（W. Glasser）【現實治療模式】

葛萊瑟（1925- ）是美國著名的臨床心理學家和精神科醫師，首創「現實治療法」，後來他把這種治療法應用到兒童行為問題的處理上。他曾在加州有名的「文度拉少女感化學校」（Ventura School for Girls）任職，應用現實治療法，成效非常良好；也曾推展到洛杉磯地區的公立學校，效果一樣良好。著有《沒有失敗者的學校》（*Schools without Failure*, 1969）、《教室裡的控制理論》（*Control Theory in the Classroom*, 1985）等書。他主要的班級經營理論如下。

1. 現實治療（Reality Therapy）

(1)面對現實：與個案討論其目前的行為，不談論他的感覺；只討論他做了些「什麼」（What），不談論「為什麼」（Why）會這樣做。

(2)不接受藉口：由於不懲罰，故不接受任何藉口；學生們絕對不能以過去的不幸或現在的艱困為理由，而推卸學習正當行為的責任。

(3)責任感：這是一種個人滿足基本心理需要的能力；有責任感的人，會積極從事其個人和別人都認為有價值的事。

2. 控制理論（Control Theory）

(1)自律自主：自己是控制自己人生的人；要充分激發學生的自主性與責任感，讓他自覺性地改變不當的行為。

(2)滿足學生需求：學校教育應優先滿足學生的需求；引導學生發覺讀書和學習的樂趣，是滿足學生最大的需求。

(3)引導式教師：教師應和學生建立一種互信的關係，引導學生學習或解決問題，不應該像老闆對員工一樣。

（參考自吳明隆，2012：252-254；邱連煌，1997：125-151；金樹人編譯，2012：221-247；張民杰，2011：327-331；郭明德，2001：67-71）

 ## 案例參考

案例一：不接受任何藉口

　　故事中的曉慧老師，雖然很親近、關心學生，但並非沒有原則、一味討好學生，學生有錯，她仍然一本教育良心，勸善規過，例如：小志

最近功課大幅退步，曉慧老師了解原因後，雖然欣賞他的孝順、體貼、懂事，但不接受他拿這個當作藉口，否則小志將可能愈來愈不懂得進取；惡性循環的結果，他的功課將愈來愈退步，也愈來愈缺乏信心，導致以失敗收場！曉慧老師的堅持，挽救了小志的一生。

✽ ✽

　　幾年前，我在某公立高中擔任導師。班上有位女生蓉蓉，功課中等，很守規矩，對老師和同學都很有禮貌，只是上課經常遲到。我找她來個別談話，原來是家境不好，常常為了省一點錢，捨不得搭公車，走了好幾公里的路來上學。甚至也經常沒錢吃飯，我聽了好心疼，可憐的孩子！

　　進一步了解，原來她媽媽罹患癌症，無力養家，繼父是個計程車司機，卻好吃懶做，經常沒有拿錢回家，對蓉蓉更是不聞不問，從來不給生活費，蓉蓉經常窮得身上連一塊錢都沒有。

　　於是我緊急幫她申請學校的仁愛獎助金，每個月二仟元，私底下再每個月貼補她三千元，讓她能安心上學。我告訴她：「以後有任何困難一定要告訴老師，讓老師來幫助妳，好嗎？」

　　高三那一年，有一天蓉蓉流著眼淚向我報告：「老師，我決定不考大學了！」

　　我問她：「為什麼？」

　　她說：「我爸爸堅持要我高中畢業後賺錢養家，除非我考上國立大學，否則一切免談。我自己的程度自己很清楚，我不可能考上國立大學的！」

　　當時我告訴她：「不試試看，妳怎麼知道不可能？我們不可以拿『不可能』當作藉口，而不去努力。其實人的潛力是無窮的，有願力和努力就可以展現自己的潛能，正如同星雲大師所說的：『願力不可思議，願心可以擴大我們的人生、昇華我們的境界。』有信心、有鬥志的人，一

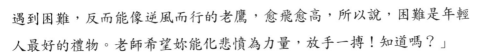

遇到困難，反而能像逆風而行的老鷹，愈飛愈高，所以說，困難是年輕人最好的禮物。老師希望妳能化悲憤為力量，放手一搏！知道嗎？」

蓉蓉顯然聽進去了，她含著眼淚對我說：「老師，謝謝您！您說的對，我一定要拼拼看！」下定決心之後的蓉蓉，從此不曾跟同學一起吃午餐、晚餐，經常沒有吃飯，頂多是啃個麵包，幾乎全付心力都放在功課上，簡直是分秒必爭地拼到廢寢忘食的地步。

一個人的潛力真是無窮。本來學業成績在班上一向排名二十幾名的她，後來參加大學指考時，考得特別亮麗，成績居全班之冠，果真考上了國立大學！後來，蓉蓉在半工半讀的情況下完成大學教育，並且在歷經幾次挫折後考上高考，目前任職於國稅局。她還想再接再厲，準備報考研究所⋯⋯，祝福她！

案例二：成為有責任感的人

故事中的曉慧，為了培養同學們成為有責任、有擔當的人，因此經常把「沒有藉口」這樣的口號掛在嘴邊，希望能影響更多的同學。因此在開班會時，有同學把籃球賽輸球的原因歸咎於數學老師時，立刻就有許多同學異口同聲地大喊：「沒有藉口！」可見這句口號的深入人心，以及曉慧老師的用心良苦！

❀ ❀

林老師是高雄市某國中一年級的班導師。有一天放學時間，經過校門口，突然發現熙熙攘攘的人群起了大騷動。原來是有個青年，正拖住一名該校的學生，一邊以三字經破口大罵，一邊兇狠地飽以老拳。林老師見狀，連忙大聲喝止：「住手！」並趕了過去。然而，該名青年仍然怒氣未消地抓住那個被揍得鼻青臉腫的學生不放，很激動地說：「老師，

您不知道，這個傢伙多麼可惡！他昨天勒索我弟弟不成，居然找了七、八個人圍毆他一個，把他打得全身是傷！」林老師仔細一看，原來他是班上學生阿義的哥哥，是五年前畢業的校友，怪不得阿義今天請病假，原來是被高年級的學生霸凌受傷，但為什麼沒有人報告老師呢？這時在附近維持交通秩序的訓育組長也趕到了，兩個人都被帶到訓導處。

雖然整件事交由訓導處全權處理，但林老師在回家的路上，始終納悶著：「為什麼班上學生被勒索、強收『保護費』，甚至還被打傷，自己居然不知道！我的教育，到底出了什麼問題？」當天夜裡，林老師躺在床上輾轉難眠。

第二天上課時，林老師費盡唇舌，曉以大義，鼓勵同學們「檢舉不法、保護善良」，希望大家「團結起來，守望相助」。並且特別告誡他們：「不鼓勵以打架、報復的方式來解決……不宜力拚，只可智取。」

班長阿政是一位很有正義感的少年，從此積極配合老師，領導同學們「勇於檢舉」、「敏於互助」，方法果然奏效。每次在校園內，一有人被霸凌，全班同學都能發揮「人溺己溺」的精神，即時通報，因此老師總能在第一時間內趕到。經林老師幾次報請訓導處嚴懲不法及獎勵有功人員之後，一干不良份子從此不敢再找該班同學的麻煩。

有個星期六的下午，阿政留校自習。突然發現一向認識的國二生阿福，由於交不出保護費，正被三年級的不良份子拖往廁所，準備「修理」一頓。「怎麼辦呢？這時學校裡的師長們都不在，我要如何『見義勇為』呢？」他突然想起導師的一句話「不宜力拚，只可智取」。於是隻身衝進廁所，婉言制止他們行兇：「有話好說，不要這樣嘛！」那群狐群狗黨，見有人干預，戾氣更甚，一個個摩拳擦掌地說：「你是什麼東西？敢管大爺們的閒事！想挨揍是吧！」誰知阿政大喝一聲：「誰敢動手？我爸爸是警察！」那幫人怔住了，眼睜睜地看著阿政，從亂軍中把阿福救了出去。

　　又有一次，阿政在走路上學途中，突然被五名惡煞攔往去路，粗聲粗氣地向他「借錢」。有了幾次經驗的阿政成竹在胸，他笑嘻嘻地說：「我身上沒錢，不過我可以帶你們去借，走吧！」那些不良少年不疑有他，真的跟著他。有人不免狐疑：「去哪裡？」「就快到了！」「跟誰借？」「跟我爸爸啦，他最慷慨了！」「你爸爸是幹什麼的？」拐個彎，派出所已近在咫尺，阿政一邊向派出所警員揮手，一邊回答：「我爸爸是警察，他在那裡值班……」話還沒講完，唬得一干不良少年轉身就跑，一邊大罵三字經……。

　　事後，林老師對於這位「勇於檢舉」、「義助同學」、「智退惡少」的高足，不但讚譽有加，而且報請記功，勉勵同學們見賢思齊。

　　只是有一次，我遇到林老師，問她：「訓導處想找警界人士到校演講，要不要請阿政的爸爸幫忙？」她微笑以對：「他爸爸是工程師啦！」

案例三：引導學生發掘讀書和學習的樂趣

　　故事中的曉慧老師為了引導學生發掘讀書和學習的樂趣，不惜花了許多時間努力備課，因此上起課來唱作俱佳，又因經常夾雜許多小故事、小笑話，非常生動精彩，也才能使學生由剛開始的冷漠、敵視，漸漸轉成興味盎然、全神貫注。

　　還有，為了誘使同學們樂於回答，她還特別買了一些糖果，凡上課期間，有同學答對問題，就可以得到一顆糖果。

　　另外，也因為她事先做足功課，因此才能初次見面，就像多年老友一樣，隨口正確地「以面識人」，認出每一位學生的姓名，連興趣、嗜好、家長職業都一清二楚，讓同學們覺得受到重視。

　　當然，還有她那關愛的眼神，也可以引發同學們讀書和學習的樂趣。

❀ ❀ ❀ ❀ ❀ ❀ ❀ ❀ ❀ ❀ ❀ ❀ ❀ ❀ ❀ ❀ ❀ ❀ ❀ ❀

記得退休前兩、三年，我才特別有「秒秒生光」的體悟，也特別珍惜那段教學生涯，備課特別用心，準備了許許多多的小故事、小笑話，上課時也都面帶笑容，務必要讓每堂課「堂堂精彩」。

例如：講到「長干行」時，我就會當場引吭高歌，教他們吟唱：「君家何處住？妾住在橫塘。停船暫借問，或恐是同鄉；家鄰九江水，來去九江側，同是長干人，生小不相識。」學生們也唱得不亦樂乎。

講到「醉翁亭記」時，我就會講「醉翁之意不在酒」的故事：

> 「有個老頭，跟朋友聚餐後，有點醉意，他不敢開車，直接坐捷運回家。在捷運車廂內，遇到一對情侶，女孩長得明艷動人，老頭人老心不老，忍不住上前搭訕，男孩看了有點醋意，於是低聲警告女孩：『小心他醉翁之意不在酒！』女孩為了安慰情郎，於是也低聲回答：『放心！我醉酒之意不在翁！』誰知老頭年紀雖大，耳朵倒是挺尖的，聽到了他們之間的輕聲對話，也只能喃喃自語、自我解嘲：『我醉酒之翁不在意！』」

讓學生在聽故事的趣味情境中，了解中華語文字詞變換的奧妙！

講到白居易的「琵琶行」，我就講「千呼萬喚始出來」的笑話：

> 「有一個人，有一次到美國訪友，朋友見他面有憂色，問他何故。這個人回答：『唉！別提了，最近每次上廁所，總是千呼萬喚始出來！』朋友聽了，立刻帶他去看醫生，代為溝通病情：『He, something in, but nothing out！』醫生聽了，就開了『軟便』的藥給他，解除了他的危機。」

學生聽得興會淋漓，我也會順便告訴學生：「千呼萬喚始出來」這個詞，在修辭學上屬於「婉曲」修辭（委婉表達自己的心意）。而且「屎」、「始」同音，因此也是「借代」修辭，讓他們印象深刻。

尤其講到「婉曲」修辭時，還會講一些典故，例如：改編溫庭筠的詞「梧桐樹，三更雨，不道失眠正苦（原詞是「不道離情正苦」），一葉葉，一聲聲，空階滴到明」，來暗示自己不能喝咖啡，以免為失眠所苦。或用「我本將心向明月，誰知明月照溝渠」，來暗喻「我愛某人，某人愛的卻是別人」的窘境。

有一次下課時間，我正站在走廊上欣賞風景，見滿園杜鵑，落英繽紛，不禁觸景生情，突然想到一句詩句，於是振筆疾書。有位頑皮的學生小佳經過，問我在寫什麼？我拿給她看，上面寫著：「落花人獨立，微雨燕雙飛」（唐翁宏的「春殘」）她問：「燕子在哪裡？」我指著在微雨中打羽毛球的那對學生姊妹金燕和玉燕說：「那不是嗎？」她大笑。

上課鐘響了，小佳大喊：「雙飛燕，回來！」於是我又說：「無可奈何花落去，似曾相識燕歸來」（宋晏殊的「浣溪紗」），小佳立刻興致勃勃地將那兩句詩抄在黑板上，接著我在課堂上解說這兩句詩的典故，並且說：「燕子是吉祥物，歷來最受墨客、騷人、畫家所鍾愛，經常將牠入詩入畫，甚且將燕子出入的樓閣命名為燕子樓呢！」

有同學聽了意猶未盡，說：「我們這棟樓也有『燕子』出入，乾脆也改稱『燕子樓』好了！」其他同學也跟著起鬨。

過了幾天，有同學說：「可惜今天雙燕都請假，要不然老師又可以寫詩了。」

我說：「沒差。」

於是板書：「燕子不來花又落，一庭風雨自黃昏」（宋趙孟頫的「絕句」），同學們看得逸趣橫生。

有一天，小佳告訴我：「老師，我們下午有一大半人都不在，要去參觀世新大學，只剩下雙燕她們少數幾個人。」

於是我又開玩笑地板書：「燕子樓空，佳人何在？空鎖樓中燕」（蘇軾的「永遇樂」），大家聽了都笑翻了，紛紛拍手叫好。

多年來，我跟同學都保持著良好互動。

有一次剛理完頭髮，去上課時，就有同學拍馬屁：「老師你好帥！」

我就說：「是啊！上次也有同學說：『老師你好帥！』結果立刻被另一位同學嗆聲：『老師，你要記他一支大過！』我問他：『為什麼？』『因為他欺騙師長！』」

全班同學聽完我的笑話，都笑得樂不可支。從此，每次遇到，就有同學大喊：「老師你好帥！」我也會頑笑以對：「記你一支大過！」

本節「校園故事」提及某位導師上課時，有學生拿手機對她拍照，她衝過去搶手機，於是師生發生扭打推擠，結果她被學生跨騎壓倒在地，顏面盡失。其實，我也有類似的經驗，有一次我做了一個奇怪的動作，學生就拿起手機錄影，我就讓他錄影，學生要求再一次，我就再一次。差別在於我上課時，學生的感覺是快樂的；而那位女老師也許只給學生帶來了痛苦，甚至是憎恨。而我上課的那一班，在我上完最後一堂課時，學生知道我即將退休，大家都依依不捨，甚至大喊：「老師，不要走！」讓我很感動。

我有幸曾經主持一項座談會，在座的都是教育人員，當討論到「課堂上學生吵鬧要如何制止」時，有位蕭○珍老師（現在是臺北市某知名女高的學務主任）很有自信地說：「我的課通常學生很少吵鬧。」又說：「先要自我反省：如何使教學『生動』化，如果上課內容豐富，自然可以吸引學生的注意力！」誠哉斯言！

以上是我為了引導學生發掘讀書和學習的樂趣，所做的一些努力，謹供參考。

 挑戰性問題

1. 您是否同意本節「校園故事」中教師之各項作法？是否有其他補充或不同意見？

2. 針對上述三個案例，您有何心得？或有其他相關的案例可提出來分享？

3. 「現實治療模式」強調，當事人要面對現實，避免談論過去的種種，否則會讓他為偏差行為找藉口而不圖改進；您是否同意這樣的看法？

4. 葛萊瑟強調，如果學生有違反共同規定的行為時，教師千萬不能接受任何「藉口」，而是要直接詢問學生：「你正在做什麼？這對你或班級有好處嗎？」、「怎樣做才對你有幫助？」，然後師生共同擬定改進措施。您認為這種方式有效嗎？有何其他配套措施？

5. 葛萊瑟主張「不懲罰」，由於不懲罰，才能讓「不接受藉口」合理化；您認為有什麼替代的好方法？

6. 「控制理論」正確的意義應該翻譯為「選擇理論」，該理論主張要激發學生的自主性與責任感，自己解決自己的常規問題；請問您要如何操作，才能穩當有效？

7. 「引導式教師」相對於「老闆式教師」，您認為各有何優缺點？您個人會採取哪種方式？

8. 為落實本節「現實治療模式」的各項主要原則，應有的基本理念和配套措施為何（例如：a.教學目標，b.教學內容，c.教學方式，d.教學活動，e.學習型態，f.補充教材，g.教具媒體，h.教學評量，i.學生輔導，j.師生關係，k.親師關係，l.班規建立，m.班級組織運用，n.班級氣氛經營，o.教室環境營造，p.校園危機處理等方面）？試擇其一二項論述之。

教師妙錦囊

妙錦囊一：教育孩子不能有任何藉口

　　所謂「成功的人找方法，失敗的人找藉口」。學生有過，老師可以不懲罰，給予補過的機會，但要灌輸學生「沒有藉口」的觀念；學生們絕對不能以過去的不幸或現在的艱困為理由，而推卸學習正當行為的責

任，否則易養成「怨天尤人」、「推諉塞責」、「缺乏責任感」等惡習。

妙錦囊二：教導孩子成為一個有使命感的人

　　教育的主要目的，是造就一批有責任感的有為青年。其消極意義，是勇於承擔、不推諉塞責；其積極意義，是積極從事個人和別人都認為有價值的事。尤其是有能力的人，從小要教養他有「責任心」、「使命感」，勇於任事，長大之後，才能「以天下為己任」，為國之棟樑。

妙錦囊三：引導學生發掘讀書和學習的樂趣

　　目前因過度的升學壓力，使得填鴨式的教學方式大行其道，許多莘莘學子深受其害，一看到書本就味如嚼蠟、苦不堪言。因此，教師應以豐富的學養、風趣幽默的談吐、親切的態度，使得學子如沐春風，引導學生發掘讀書和學習的樂趣。

妙錦囊四：教育孩子成為掌控自己人生的主人

　　教師應充分激發學生的自主性與責任感，尤其是各種團隊性活動，或是學生自身的生涯規劃，教師應盡可能讓其自我思辨、自行規劃、自己做主，並自己去承擔風險，教師頂多只擔任顧問的角色。這樣才能教育孩子自律自主，成為掌控自己人生的主人。

妙錦囊五：和學生建立一種互信的關係

　　教師應和學生建立一種互信的關係，使教師在學生心目中，既是一個可以交心的朋友，也是一個可以指點迷津的智者、解決問題的專家。如此一來，學生在學習或生活上有任何困難或問題時，都會自動請教老師。這樣，學生將不易因經驗不足而吃虧上當，或誤入歧途。

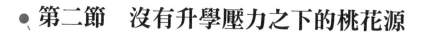

第二節　沒有升學壓力之下的桃花源

~以「整潔秩序」的環境及「快樂學習」的方式，營造後段班的春天

艾渥森、海瑞絲（C. Everson & A. Harris）【學習者為中心模式】：
為提升教學效能，教師應審慎規劃課程設計，創新教學方法

 校園故事

　　多年前，年輕氣盛的我，心直口快、不平則鳴，得罪了某位教務主任，從此年年被排定擔任國中三年級後段班的導師，而且每次都是全校最有問題、最難管教的班級。班上學生大多是記過累累，甚至其中幾個學生，還有毆打老師的不良紀錄。

　　第一次接到這種班級時，我煩惱得整個晚上睡不好，正所謂「梧桐樹，三更雨，直道教書真苦（原為不道離情正苦）。一葉葉，一聲聲，空階滴到明」（改編自溫庭筠「更漏子」）。在最痛苦的時候，我突然轉念一想：「我不是一向很厭惡升學主義作祟之下『萬般皆下品，唯有讀書高』那種扭曲的教育嗎？既然不想施行『少一分打一下』填鴨式的教育，那麼，讓我教後段班不是適得其所嗎？只要先管好他們的品行，我不就可以打造一個『沒有升學壓力之下的桃花源』嗎？」想到這裡，我的心情豁然開朗。

　　從此，每次新接一個班級，第一堂課我一上臺，就會在黑板上寫下：「今年的兩大目標：每位同學每天都能快快樂樂地來上學；每位同學將來都能順順利利地畢業。」

　　為了給這群學生「下馬威」，我總是先表演氣功給他們看，然後告

訴他們：「老師會中國功夫，今後有欺壓同學、做壞事的人，不但會受到嚴厲懲罰，而且也不能畢業；相反地，雖然很多同學都已經記過累累，但只要改過自新，老師保證你們將來都能順利拿到畢業證書，好嗎？」同學們有點半信半疑。

我又拿出榮譽卡，詳細的為大家說明功過相抵的辦法：「每做一件好事，就會得到一張榮譽卡，累積滿二十張卡，就能記嘉獎一次，依此類推……」等細節，再舉出我所帶的上一屆學長，每個人都順利畢業的事實，臺下終於響起如雷的掌聲。

之後，我再舉王永慶等企業家為例，以「行行出狀元」的故事，鼓勵他們努力找出自己的興趣專長。

當時為了培養後段班同學的讀書習慣，我擬定了四大方針：維持課堂秩序、維護環境整潔、上課輕鬆有趣、讓學生有學習意願。

除了早自習、午休時以「榮譽卡」的誘因，請「大哥級」的學生維持秩序外，上課時如有學生不守規矩，我就會請他到前面來表演「請你跟我這樣做」的活動。有時我會表演少林拳，有時是太極拳，有時是空手道，讓他跟著做，全班都會興味十足地看我們表演，表演完畢，通常我都會誇他做得不錯，或讚美他其他長處，再溫和友善地告誡他要遵守上課秩序，不傷他自尊，讓他心存感激。

為了給他們一個理想的讀書環境，我每天安排四名值日生，負責早自習、午休的掃地、拖地、倒垃圾等工作，並給榮譽卡。有自願幫忙者照樣給榮譽卡，若太多志願者時，也可安排在下次。其結果是：班上總是整整齊齊、一塵不染；同學們看到了「能畢業」的曙光，每天都快快樂樂地來上學，高高興興地回家。後來，他們果然憑著榮譽卡一一改過銷過，順利地拿到畢業證書。

為了使上課氣氛輕鬆有趣，我除了課文講解力求精簡，以免他們不耐煩外，還不時穿插許多故事、笑話，以及生動活潑的表演；或以詩詞

吟唱方式教學，有時也會唱一段流行歌曲。還記得有一次，當作者提到他喪偶時，才真正領會到李清照「尋尋覓覓、冷冷清清、悽悽慘慘……」的那種心境，於是我舉了金庸武俠小說《神鵰俠侶》的楊過為例，說他如何在心情暗淡時發明了「黯然銷魂掌」的故事。不料竟然引起他們看金庸武俠小說的熱潮，可謂是「無心插柳柳成蔭」。

　　有時候我也會開學生的玩笑，例如：有一次伯長上課不專心，常回頭跟同學講話。於是我說：「奇怪，伯長，你的『脖』子怎麼突然變『長』了呢？」全班哈哈大笑，伯長也不好意思再回頭講話了。

　　又有一次，有兩個學生在上課中吵架，幾乎動武，我問他們怎麼回事？只見小偉很氣憤地說：「老師，他說我很『色』！」我一拍桌子，假裝很生氣地大罵：「小瑞，誰教你說老實話！」全班頓時笑得東倒西歪。

　　接著我正色地告訴全班：「其實老師也很色，男子漢大丈夫，沒有不好色的，但我們要風流而不下流，保持男子漢的尊嚴，懂嗎？」然後，再趁機告訴他們對女孩子應有的風度和禮貌，舉座盡歡。

　　我明知他們回家時不會主動讀書，只好儘量利用課堂時間讓他們背誦課文或解釋；我讓全班分排、分段輪流大聲誦讀，直到會背為止。接著任抽兩人比賽，一人背上句，另一人背下句，不會背的要被彈耳朵，以遊戲的方式引發他們背誦課文的動機。等到確定大家都會背了，就開始筆試，結果每個人幾乎都能考九十分以上，讓後段班的他們，不但能享受到「得高分」的樂趣，而且也因好成績而得到榮譽卡。因此每次段考，他們的國文成績在後段班中總是遙遙領先，我也覺得很有成就感。

　　記得有一次，訓導處郭捷主任陪同督學巡堂，督學見到整排後段班睡的睡、鬧的鬧，不禁搖頭嘆息。巡至本班，卻見全班沒有一個人打瞌睡，都能安靜上課，很訝異地說：「為什麼這一班可以這麼好？」郭主任答：「這班不一樣，這是後段班的前段班！」。

就因為有後段班十幾年的歷練，我帶的班，年年整潔、秩序比賽都是第一名，受到老校長的賞識，後來我才能不需經過任何甄選，就能順利應聘到某公立高中教書，這讓我更加體會到「萬事助長」的道理。

事後回想起來，在教書三十年當中，最有成就感的反而是教後段班的那十幾年，因為我勉強稱得上打造了一個「沒有升學壓力之下的桃花源」，午夜夢迴，頗堪足慰。

 ## 班級經營理論

艾渥森、海瑞絲（C. Everson & A. Harris）【學習者為中心模式】

艾渥森和海瑞絲兩個人在「班級組織與管理方案」（Classroom Organization and Management Program, COMP）上共同合作。COMP是艾渥森所發展的，海瑞絲則是此方案的協同主持人和國家級訓練員。艾渥森的著作很豐富，主要有《小學教師的班級經營》（*Classroom Management for Elementary Teachers*, 2000）、《從教學中學習》（*Learning from Teaching*, 1976）等。他們對班級經營的看法主要如下。

1. 特別的課程設計

(1)周全備課：為提升教學效能，教師應審慎規劃課程設計，包含：教學目標和教學進度的訂定、教學活動和教學分組的安排、教學材料和教學資源的取得、學習績效和行為評量的標準等，都要有周全而創新的設計與實作。

(2)開學宣布：讓學生在開學第一天就明確地了解該課程的規則與教師的期望，一定有助於學生課業與行為上的學習成效；如在開學幾天（週）後才宣布，教師會發現學生已難以管理了！

2. 處理不符期望的行為

應對不同的行為，採取不同的介入程度：

(1)低程度介入：對於輕度的不當行為，採用目光接觸、身體的接

　　近、言語的提醒，或運用「我—訊息法」做溝通。

(2)適度的介入：對於較嚴重的不當行為，得採用撤除其權利或喜歡的活動、調換座位或隔離處分，或是留校省思等處罰。

(3)廣泛的介入：對於很嚴重的不當行為，得採用同儕調解與衝突解決、召開監護人會議、調離現在環境、寫悔過書、寫「行為改過契約書」等方式。

（參考自單文經等譯，2004：389-394）

 ## 案例參考

案例一：周全地備課

　　在故事中，因受教對象是國中三年級的後段班，教學目標主要是讓學生覺得興味盎然，有意願學習。因此，行為評量的標準力求寬鬆，使得學習績效可以很顯著，讓後段班的他們，可以享受到「得高分」的樂趣。

　　教學活動設計力求輕鬆有趣、生動活潑，甚至還要唱唱跳跳，以及誇大動作的肢體語言，並且以「學生」的活動為主。課堂有一半的時間讓他們分排、分段輪流大聲誦讀課文或解釋，直到會背為止；接著任抽兩人上臺比賽背書，不會背的要被彈耳朵；之後，就開始筆試。為求變化，有時會採取「分組輪流背誦」、「分組接龍」或「分組競賽」等方式。

　　而在備課方面，除了原有的教學補充材料外，還得準備許多相關的小故事、小笑話，甚至詩詞吟唱、流行歌曲等。務必有周全的設計與實作，才能保證有精彩的演出。

❋ ❋

　　臺北市某高中的國中部，有位教歷史的杜老師，她備課極其用心，教材熟練，加上口齒清晰、肢體語言生動活潑，常能旁徵博引、引人入勝，學生聽得津津有味，因此大受歡迎。經常下課鐘聲早已響起，學生們卻仍然沉溺於生動精彩的情節中，欲罷不能，一直催老師繼續講下去⋯⋯。

　　由於她備課用心，每堂課堂堂精彩，因此很少會有學生打瞌睡。不料有一天，居然有一個學生在課堂上睡著了，而很有修養的杜老師，不但沒有勃然大怒，反而在輕輕搖醒對方後，向他道歉：「對不起！是老師講得不夠精彩，害你睡著了！」接著，杜老師又很和藹地，請他先去洗把臉再回來上課，使得那名學生既感動又覺得慚愧。

　　對於這位教學生動精彩、教材內容充實、備課用心、修養到家的杜老師，同學們打從心裡尊敬，於是，大家互相鼓勵、彼此勸勉。從此，再也沒有人上她的課打瞌睡了。

案例二：開學就宣布教師的期望

　　在故事中，由於一開學，我就宣布：最大的期望是盡力幫同學順利畢業，並明確說明其規則及辦法，讓學生了然於胸，並滿懷希望，因此能下定決心全力配合，此舉當然有助於學生課業與行為上的學習成效。

　　因此，該班不但每周整潔、秩序比賽都是第一名，而且每次段考，他們班的國文成績在後段班中總是能遙遙領先。更重要的是，後來他們果然憑著榮譽卡，一一改過銷過，每位同學都順利地拿到畢業證書。也就是說，在師生共同努力之下，一起實現共同的期望！

❋ ❋

　　新北市永和區某國小，有位任教五年級的蔡老師，很擅於鼓勵學生設定目標。有一次，在開學第一天，她就宣布：「這一學年，老師最大的期望是幫助每位同學心想事成！」鼓勵每位學生立下自己最想要達成的目標，例如：

　　有位學生的願望是：「今年通過英檢初級。」

　　另一位學生的是：「我希望參加校內國語演說比賽能得到第一名。」

　　還有一位學生是：「我希望參加今年社區越野比賽少年組能獲得冠軍。」

　　又有一位學生的是：「參加校內書法比賽能得名」……

　　全班三十個人，幾乎人人都有自己想要達成的目標。

　　蔡老師於是幫他們把所有的長程、中程目標，切割成每日要實行的短程目標，例如：

　　「每天收聽空中英語教室半小時，背三十個單字。」

　　「每天練習演說五次。」

　　「每天慢跑操場十圈。」

　　「每天練習書法十頁。」……

　　蔡老師會讓他們把短程目標寫在每天的聯絡簿上，請家長監督，或請同學提醒，老師親自驗收，確實執行。

　　比賽成績結果輝煌，果然在蔡老師長期的協助之下，絕大部分同學都達到目標，不是冠軍就是前三名。此舉至少帶給學生三大好處：一是培養出「確立目標，做有效規劃」的好習慣；二是帶給他們「凡事愈有充分準備，愈容易成功」的正確觀念；三是讓他們嘗到成功的滋味，增加他們的信心。

案例三：處理不符期望的行為

　　教師應對不同的行為，採取不同的介入程度，例如：在故事中，有兩個學生在上課中吵架，老師卻以輕鬆幽默的方式，化解其衝突，並趁機告訴他們：對女孩子應有的風度和禮貌，使得舉座盡歡。這是低程度介入。

　　又如：故事中，對上課不守規矩的學生，老師會請他到前面來表演「請你跟我這樣做」的活動，老師表演少林拳，或太極拳，或空手道，讓犯規學生跟著做。表演完，會誇他做得不錯，或讚美他其他長處，再溫和友善地告誡他要遵守上課秩序，不傷他自尊，又讓他心存警惕，不輕易犯規。這是適度的介入。

❀ ❀

　　從前，臺北市明倫國中（明倫高中前身），有位曾國安老師，曾擔任國中三年級後段班的導師。有一天，有兩位學生打架，他要他們寫悔過書，問他們要請家長到校還是送訓導處記過？他們兩者都不要，再三向老師求情：「寧願被老師處罰！」問他們：「如何處罰？」他們商量結果：「打手心三下。」

　　老師說：「既然你們知道錯了，打一下就好，另外兩下欠著，下次再犯，加倍處罰，知道嗎？」於是就象徵性地打了一下。

　　學生既感念他的寬大仁厚，又以「再犯將加倍受罰」為戒，就很少再犯。只有一生例外，因該生家庭背景複雜，爸爸是黑道，媽媽經營特種行業。該生犯過累累，受到的處罰也最多，但師生感情融洽，他會經常找老師聊天，述說他們的家庭故事。

　　直到畢業當天，他來找老師，說：「還欠老師九十七下，怎麼辦？」

老師笑了笑：「算了吧！反正你已經畢業了，以後要好自為之！」這是廣泛的介入。這些學生畢業之後進入各行各業，數十年來，一直都跟老師保持聯絡。

 ## 挑戰性問題

1. 您是否同意本節「校園故事」中教師之各項作法？是否有其他補充或不同意見？

2. 針對上述三個案例，您有何心得？或有其他相關的案例可提出來分享？

3. 請您針對艾渥森和海瑞絲兩人的說法：「教師的行為，一定會影響學生的行為。」提出心得或看法。

4. 開學第一天便做好準備與規劃，是做好班級經營關鍵之一。請問：您要優先準備好什麼事情，在開學日就宣布？為什麼？

5. 教師必須迅速決定學生不當行為的嚴重程度，再決定所需的介入型式。請問：依您的意見，哪些事情需低程度介入？哪些需適度介入？哪些需廣泛介入？

6. 「停滯時間」（dead times）過多、過長，會影響班級經營甚大；通常是因為要排除不當行為而中止，或因教師準備不足（同時要處理的事情太多，或找不到教材等）所致。請問您如何防患於未然？

7. 對於學生極嚴重的行為需進行廣泛的介入時，甚至要學生簽下一紙個人行為合約。請問合約的必要項目有哪些？

8. 為落實本節「學習者為中心模式」的各項主要原則，應有的基本理念和配套措施為何（例如：a.教學目標，b.教學內容，c.教學方式，d.教學活動，e.學習型態，f.補充教材，g.教具媒體，h.教學評量，i.學生輔導，j.師生關係，k.親師關係，l.班規建立，m.班級組織運用，n.班級氣氛經營，o.教室環境營造，p.校園危機處理等方面）？試擇其一二項論述之。

教師妙錦囊

妙錦囊一：周全地備課，是教學成功之鑰

很多新進的老師，都會煩惱：「學生上課不守規矩，怎麼辦？」其實大多數問題都出在自己身上。如果備課用心，課程設計生動活潑，並安排許多師生互動機會，學生通常會很配合。尤其是遇到一些既博學又幽默風趣，且擅於講故事、說笑話的老師，學生如沐春風，怎會吵鬧？

妙錦囊二：開學就宣布教師期望，有利學生學習成效

一開學，教師就宣布其願望及實踐步驟，學生有了可以遵循的目標，只要老師繼續鞭策鼓勵，學生自會依其目標前進；若到了期中，教師才宣布其願望，這時學生早已有其他目標，或已懶散成習慣，要他改弦易轍，或重新振作，自然不容易，因此不利其學習成效。

妙錦囊三：糾正學生行為，務必保留其顏面

學生最難過的事，莫過於在大庭廣眾之下丟臉。當眾被師長羞辱的孩子，不但一輩子會在心靈上蒙上陰影，而且將會痛恨老師，背地裡以詆毀師長、破壞公物、欺負同學等方式報復或發洩，此非教育之道。教師應持著寬廣仁厚之心，盡可能地為孩子保留顏面，最好能規過於私室。

妙錦囊四：處罰學生，需留有餘地

學生有過，有時不得不罰，以免學生有了輕慢之心，重蹈覆轍，但處罰宜輕不宜重，應留有餘地，讓學生心存感恩，有心改過，才是良策。否則，嚴刑峻罰、趕盡殺絕，反會使學生心生怨懟，只想伺機報復，根本無心改過，反為不美！

妙錦囊五：化解同學之間的衝突，可善用同儕力量

要化解同學間的衝突，身為教師，務必公正無私、不偏不倚，即使如此，仍常有偏頗之微辭。教師若能妥善運用班會力量，將同學間的衝突，付諸眾議，不但能以最客觀立場參考眾人意見，又可借力使力，消弭雙方衝突，且無後遺症。

第三節 改變家長的傳統觀念

~親師生懇談，導正尋短念頭，彌補親子裂痕，造就孩子一生

史金諾（B. F. Skinner）【行為主義相關模式】：

教師應先確定要學生建立或消除哪些目標

 ## 校園故事

　　基隆市某國中，有一天上午，國一導師廖老師正利用空堂批改當天收來的週記，改到小安的週記時，他寫著：「……人活著有什麼意義？每天不斷地讀書、寫作業、考試，接著就是挨罵、挨打，生有何歡，死有何懼！老師、同學，永別了！」這令她悚然心驚。她腦海中浮現小安那畏縮、拘謹的身影，尤其是最近，本來就不夠活潑，近來更少有笑容；雖然功課不太好，但其實品行還不錯。這樣的孩子為什麼不快樂？他的「永別了！」是什麼意思？難道想尋短？

　　下課時間，她找小安到辦公室，單刀直入地輕聲問他：「你的『永別了』是什麼意思？」小安一聽，當場眼眶泛紅、流下眼淚。廖老師溫柔地抱著他：「有什麼委屈，告訴老師好嗎？」小安突然放聲大哭，使得辦公室的老師們都嚇了一跳。

　　原來是小安昨天晚上又挨了他爸爸一頓狠揍，理由是他的英文、數學小考成績都不及格。老師問他：「就因為爸爸打你，讓你想不開，想自殺？」他點點頭。廖老師於是很沉痛地講了一個真實的故事：「我以前在某校教書，隔壁班有個學生，因受不了課業壓力而跳樓自殺，他媽媽從此就瘋了，整天瘋言瘋語，讓人看了心酸，後來進了精神療養院，

家裡只剩下他爸爸跟妹妹，從此失魂落魄地過日子，好好地一個幸福快樂的家庭，就這樣給毀了。」

「如果是你，你忍心因為你的自殺，讓整個家庭給毀了？」小安一聽，又流下眼淚。「自殺將為至親好友帶來很大痛苦的愚昧行為，千萬做不得！生命是非常寶貴的，任何困難，我們都應該想辦法克服才是，不要輕言自殺！」

廖老師又緊握著他的手，誠懇地說：「你的品德一向很好，而且很有服務精神，不但掃地用心，還常常幫同學買便當，或代替同學當值日生，大家都很喜歡你。功課方面若有什麼問題，可以多跟同學一起研究。再說學業成績只是人生的一部分，功課不好並不代表你將來就沒出息。老師相信你將來一定可以培養許多技能專長。要看重自己，不要再想不開了！知道嗎？」

利用其他下課時間及午休的空檔，廖老師特別找幾位與小安較接近的同學，旁敲側擊的的結果，得知小安最近心情的確DOWN到谷底，說話有氣無力，言談之間充滿了灰色思想，而且做任何事都提不起勁。廖老師於是特別拜託這些同學：「小安最近心情特別不好，請大家儘量關心他、照顧他，課餘時間多多找他去打球或陪他一起做功課，好嗎？」

✽ ✽

下班之後，廖老師特別留校，請家長無論如何到學校來一趟。等家長許先生到了之後，他特別拿出小安的週記給他看，請他務必特別安撫一下小安。而許先生居然一派輕鬆的說：「這小子就是喜歡裝神弄鬼的，放心吧！他只是想引起注意，不會去自殺啦！」

廖老師無奈地說：「就算是吧！但孩子快樂嗎？聽說他昨天回家又被你修理了？」

「我管他快不快樂？這小子就是不打不成器！總有一天他會明白父

母的苦心的！」

「但問題是：打了有效嗎？」

「這……」

「我以前在臺中鄉下教書，有個國中生，家裡養了幾隻羊，他很喜歡其中一隻小羊，一有空就帶牠去放牧。有一個星期六的下午，他在山谷裡睡著了，醒來後看不見小羊，他著急地到處尋找，仍然找不著，只好回家討救兵。誰知他的爸爸不但不幫他尋找，還把他毒打了一頓，並威嚇他：『找不到小羊，你就永遠都不要回來！』可憐這孩子身心受創，他一邊哭、一邊找，終於在山谷中找到了小羊，可是這時候的他，已經完全喪失理智了，他不但不去抱他心愛的小羊，反而拿起大石頭砸向牠，並一邊怒吼：『都是你！害我被我爸爸毒打……。』鄰居小朋友勸他不聽，連忙趕回去通知他爸爸，等到他爸爸找來，發現山谷中小羊的屍體，而那個學生卻失蹤了，從此再也沒有回來過。」

廖老師接著又說：「事後回想起來，那個小孩到底是自殺還是因心情欠佳而跌落山谷，無從查證。但有一點可以確定的是：假設有個小孩對某門功課其實很有興趣，只是有一天，他這門功課考壞了，於是暴怒的父母或師長狠狠地打了他一頓。這下完了！從此，保證他對這門功課深惡痛絕，因為孩子會把功課跟挨打的痛苦經驗緊密地結合在一起。有時候，也許家長和老師的鼓勵更能發揮功效。」

「鼓勵有用嗎？」

「絕對有用！只有鼓勵才能讓孩子產生信心，快樂地自動去學習。」

❀❀❀❀❀❀❀❀❀❀❀❀❀❀❀❀❀❀❀❀❀❀❀

廖老師之後又講了一個小女孩學溜冰的故事：

「有個小女孩，剛學習溜冰，一不小心摔了個四腳朝天，

她淚眼汪汪的望著周遭溜冰的人群。有個小帥哥滑了過來,溫柔的把她扶了起來,說:『小妹妹,不要灰心,你只要準備好摔五十跤,你就學會溜冰了!』小女孩破涕為笑:『真的嗎?』小帥哥點點頭。於是小女孩勇敢地站了起來,開始邁開步伐,每跌一次跤,她就愈高興,因為她知道:『失敗愈多,距離成功就愈來愈近』的結果,等她摔到第二十一跤之後,她終於學會溜冰了。」

最後,廖老師語重心長地說:「只有在孩子有了信心,確信『只要努力,就會有成效』的情境下,他才會心甘情願地主動去學習。再說萬一他真的讀不來,也沒有關係,你看臺灣有多少大企業家,有哪幾個是小時候功課很出色的?所謂『行行出狀元』,只要他不學壞,努力培養自己的興趣專長,將來照樣擁有自己的一片天,你說是嗎?」

「謝謝老師!承教了。」

從此以後,小安漸漸有了笑容,雖然家長囿於習慣,不懂得如何去鼓勵他,但至少不再實施「牛馬教育」。不再被打罵之後的小安,反而自己想要用功。廖老師也經常給予關愛的眼神,常常找他個別談話,關心他、鼓勵他、讚美他,甚至課後常常留他下來,輔導他的英文、數學。後來,廖老師發現他的程度的確太差,於是又找來家長,親、師、生三方懇談的結果,共同決定讓他留級一年。自願留級之後,小安的功課果然大有起色。而最重要的是,從他的笑容及用功程度,可以看出他每天都能快樂而主動地學習。

十年後,已從某私立科技大學畢業,現在在某科技公司上班的小安,千方百計地找到已經退休的廖老師,特地帶著未婚妻登門拜訪,他激動地抱著廖老師:「非常感謝您!您是我的救命恩師,也是影響我一生的

關鍵貴人！」

 班級經營理論

史金諾（B. F. Skinner）【行為主義相關模式】

　　史金諾（1904-1990）是當代最偉大的心理學家之一，其學術生涯大都在哈佛大學度過。他發現「操作制約」（Operation Conditioning）理論，即給予特定的刺激，會增加個體重複反映的頻率，而這些刺激叫做「增強物」。他本人不曾倡導以操作制約為基礎的管教模式，但他的觀點被多數心理學家和教育學家推展、擴充，並加以修正，成為改進學生行為的有效工具。他著有《桃源二村》（*Walden Two*, 1948）、《超越自由和尊嚴》（*Beyond Freedom and Dignity*, 1971）等著作；理論摘要如下。

1. 增強理論（Reinforcement Theory）

　(1)他認為人類行為主要是由外在環境制約而成，教師透過增強及處罰技巧可塑造學生行為。

　(2)增強的形式有：物質（實物）增強、社會性增強（如口語、文字表揚等）、代幣增強（如點數、獎勵卡等）、活動增強（如學生喜愛的活動等）等。

　(3)增強的種類有：正增強（獲得快樂）、負增強（免除痛苦）、消除（忽視）、懲罰（施加痛苦、扣除快樂）等四項。

2. 行為改變技術（Behavior Modification）

　(1)確定目標：教師應先確定要學生建立或消除哪些目標。

　(2)測定基線：教師必須仔細觀察並記錄學生原有行為之資料或嚴重程度。

　(3)選擇增強物：根據學生的喜好，選擇增強物。

(4)安排後果：將目標行為與選擇之增強物，在時間和空間上連結起來。

(5)評估效果：與原來基線做比較，客觀地評估效果。

（參考自吳明隆，2012：254-257；邱連煌，1997：19-97；金樹人編譯，2012：85-107；張民杰，2011：376-382；郭明德，2001：60-63）

 案例參考

案例一：透過增強，塑造學生行為

如故事中的小安，對於功課心灰意冷，有尋短的念頭。廖老師則透過正增強（請同學儘量關心他、照顧他，課餘時間多多找他去打球或陪他一起做功課，而廖老師也經常給予關愛的眼神，常常找他個別談話，關心他、鼓勵他、讚美他），以及負增強（請家長不再打罵）的方式，果然，小安漸漸有了笑容，不再有尋短的念頭，而且自己想要用功。

✳ ✳

有一次，我訪問臺北市明倫高中的黃維智老師，提到「正增強」這個主題，她認為：「讀書動力來自成就感。」因此在班上，她把「滿足孩子的表現慾，創造學生擁有成就感的機會」當核心來經營。

例如：她鼓勵學生課外閱讀，會利用班會時間要同學輪流上臺作「閱讀心得報告」，總是不吝給予掌聲及鼓勵的話（社會性增強）；考試成績有顯著進步著，給予獎勵卡（代幣增強），期末結算，給予獎金或獎品（物質增強），或請吃飯（活動增強）；寫作文、週記、主題閱讀報告優良者，除蓋獎章鼓勵（代幣增強）外，還影印優良作品展示給同學看（社會性增強），甚至把內容當眾唸出（社會性增強），指出其優點，

讓同學們藉此互相觀摩，以收「見賢思齊」的效果，而當事者也因這種示範更獲得「正增強」，而有了高期待，產生向上的動力。

「這是一種良性影響。」黃維智老師說。

＊＊＊＊＊＊＊＊＊＊＊＊＊＊＊＊＊＊＊＊＊＊＊

阿德是個國一生，心地善良，熱心公益，可是學業成績經常敬陪末座；惡性循環的結果，使他愈來愈厭學，也愈來愈自卑，覺得班上那些功課好的，才是「好學生」，而自己就像個廢物，什麼都不會。他把這些不快樂的心情全部都抒發在週記上，導師張老師看了，決定幫助他。

班會時間時，張老師拿出一疊空白紙張發給同學們，懇切地說：

> 「阿德最近心情不太好，他總是覺得自己一無是處，但老師可不這麼認為。所謂『天生我材必有用』，嘉納博士曾說人類有語文、數學、音樂、藝術、肢體、人際、自省、自然觀察等八大智能，阿德也許不擅『念書』，但未必沒有其他潛能特長。所謂『當局者迷，旁觀者清』，請同學們幫忙挖掘出他的優點好嗎？」

不一會兒，從同學繳回的紙張，果然發現阿德有許多優良的具體事蹟，例如：「幫值日生打掃教室」、「在公車上讓座給孕婦」、「幫同學買便當」、「桌球打得不錯，會教同學打桌球」……等。大多是「熱心助人」的事實，張老師也都一一朗誦出來。

尤其是「有一次因幫助一位盲者過馬路，而導致自己趕不上公車，因而遲到」的事，張老師更是大加讚揚：「這是俠義的行為！」並且還特別糾正大家的觀念：「功課好的同學，並不一定就是好學生；相反的，品德好、熱心助人、肯多方為人設想的同學，不管他的功課好不好，都一定是好學生！尤其是像阿德這樣的同學。」之後，阿德總算恢復一點

笑容，不再那麼沮喪。

幾天後，隔壁班李老師告訴他：「今天早上，我班上同學，有人在公車上被一個色情狂襲擊，剛好貴班的阿德也在公車上，他見義勇為出聲喝止，還因此挨揍……」

李老師還讓他看受害女生的自述：

「今天早上，我搭公車上學途中，公車內很擠，大多數都是學生，我突然覺得屁股後面有東西頂著我，覺得很怪異，就往前挪了一下，誰知道後面那個變態的中年男子仍然跟過來，還是頂著我。我很緊張，結結巴巴地回頭問他：『你……幹什麼？』那個長相兇惡的傢伙居然涎著臉，用下流的眼神望著我，還厚著臉皮一直磨蹭，我又羞又氣、又急又怕，不知所措。這時，突然聽到後面有人大喝一聲：『你幹什麼？』把大家嚇了一跳，原來是隔壁班的阿德。那個歹徒惱羞成怒，居然用手肘用力撞了阿德一下，很兇惡地說：『干你什麼事！』並一邊拉著褲子往前擠，剛好公車靠站，變態狂頭也不回地下車了。等我們下車後，才發覺我的裙子後面有一團粘糊糊的，像鼻涕一樣的東西，好噁！阿德好心地把一包面紙借給我擦拭。我覺得很丟臉，很怕成為同學們的笑柄，因此拜託阿德幫我保守秘密……」

張老師於是找來阿德個別談話，阿德卻很為難地說：「老師，對不起！我答應人家要嚴守秘密。」張老師豎起大拇指，大大讚揚阿德「將心比心，能為他人設想」的高尚行為，並請他放心：「我們絕對不會公布受害者的班級姓名，以免她受到二次傷害，但還是要把同學受辱的經過說出來，以便讓其他同學知所防範，避免再受害。」

當天上課時，張老師當著全班，說明「有本校同學在公車上受辱」

的經過，並且說：

> 「今天我要特別表揚阿德同學，他不但挺身而出、勇於助
> 人，而且很守信用，一直為對方設想，守住這個秘密，很有君
> 子風度，我們以他為榮！可是處理這件事情的技巧有待改進，
> 例如：在公車上遇到這種事，不管是當事者或者旁觀者，都可
> 以大叫：『有色狼！』並請司機把車子直接開到派出所；請記
> 住，特別要保留『物證』，有『人證』更好，就可以把色狼移
> 送法辦。因為我們是站在正義的一方，千萬不要『覺得丟臉』
> 或『怕事』，任令歹徒從容下車離去，以免色狼食髓知味，下
> 次還會有人受害。」

幾天之後，校長特別在朝會上提到「公車上性騷擾」事件，提醒同學們小心防患色狼，並表揚阿德的善行：「校長早就認識阿德這個『好學生』了，因為他很有禮貌，遇到校長都會主動打招呼問好，見到地上有紙屑會主動撿起，再加上這次的見義勇為，都值得同學們學習、效法……。」在全校同學如雷的掌聲中，讓阿德信心倍增，從此他走路有風，相信自己是個有用的人。

沒想到經過這件事之後，阿德居然像變了個人似的，開始積極奮發、努力求學，學業成績開始突飛猛進。兩年之後，阿德以優異的成績考上公立高中。原來每個人的潛力是無窮的，只要找到他的亮點，建立起他的信心。

以上是阿德從社會性增強（老師及校長的表揚）中獲得信心以及前進的力量，也許他的一生將因此而改變。

案例二：行為改變技術

1. 在故事中，廖老師的目標是要消除小安自殺的念頭，並建立起小安讀書的信心。（確定目標）

2. 小安一向比較畏縮、拘謹，不夠活潑，尤其最近很不快樂；他的功課不好，對讀書充滿厭倦，有自殺意圖。（測定基線）

3. 廖老師請同學儘量關心他、照顧他，課餘時間多多找他去打球或陪他一起做功課，而廖老師也經常給予關愛的眼神，常常找他個別談話，關心他、鼓勵他、讚美他。最主要的是：與家長懇談，請家長不要再打他罵他。（選擇增強物，包括正增強及負增強）

4. 廖老師告訴家長：「……有一天，他這門功課考壞了，於是暴怒的父母和師長狠狠地打了他一頓。這下完了！從此，保證他對這門功課深惡痛絕，因為孩子會把功課跟挨打的痛苦經驗緊密地結合在一起。……只有鼓勵才能讓孩子產生信心，快樂地主動去學習。」……從此以後，小安漸漸有了笑容，不再被打罵之後的小安，反而自己想要用功。（安排後果）

5. 小安的功課果然大有起色。而最重要的是，他每天都能快樂而主動地學習。（評估效果）

　　由以上分析看來，也可算是一個「非典型」的行為改變技術。

❋ ❋

　　三十幾年前的一個暑假，開學前一天，臺北市某國中，杜老師正在辦公室詳閱學生資料表，準備接掌國二某後段班的導師職務。

　　她赫然發現其中有一名學生小如，有肺結核病史，於是連忙打電話給防癆協會，追問病情。所得到的答覆是：「該生自國小三年級就患結

核病，五年以來經常不吃藥，現在已經惡化，是個有傳染性的危險人物，建議不要讓她上學，以免傳染給其他同學。」

開學第一天，杜老師就找小如來個別談話。小如長得瘦小，清清秀秀的，臉色蒼白、兩眼無神，對於老師的所有問話，一概緊抿著嘴，完全沒反應，可以看出防衛心很強。杜老師不得其門而入，決定進行家庭訪問。

小如的家在學校附近，在一排低矮木屋中，分租了一個小小的房間，此時沒有人在家。據房東表示：「小如的爸爸是翻砂工人，每天早出晚歸。由於小如的媽媽是生她時難產而死的，她爸爸認為是她剋死了媽媽，對她不很疼惜，又因家貧，每天只給她十元當飯錢。」

杜老師一聽之下，憐憫之心油然而生：「可憐的孩子！一碗陽春麵就要七塊錢，十塊錢怎夠三餐？營養不良，再加上乏人照顧，怎麼辦？」

於是她又打電話給防癆協會，表示自己想救她的立場與決心：「這孩子家世很可憐，若放棄她，她只有死路一條……」該會護士很敬佩杜老師的愛心及勇於承擔的精神，只能再三囑咐：「第一，一定要有營養；第二，一定要吃藥……」

第二天，杜老師又找小如來談：「小如，妳聽我說……」

小如反應很激烈：「妳想趕我走，我就死給妳看！」

杜老師連忙安撫她：「老師並沒有要趕妳走的意思，只要妳願意聽老師的話，妳天天都可以來上學！」

以下是老師要她一定得遵守的五點要求：

1. 坐在靠窗的位置，以便較能吸收到新鮮的空氣。

2. 吐的痰用衛生紙包起來，下課後丟入糞坑，以免傳染給別人。

3. 每個月照 X 光檢查，以便確定病情是否控制住。

4. 每天早、午、晚一定吃藥，才能早日痊癒。

5. 每天早上到福利社領取牛奶、麵包；中午到烹飪教室拿荷包蛋及

雞腿（杜老師煎滷的），必須要有足夠的營養，才能打敗病魔。

寒、暑假學生也要到校，因此杜老師仍然正常供應她早午餐，只有晚上及週日讓她自己想辦法。

就這樣，經過杜老師天天督促她吃藥，天天關懷她的生活起居，以及每天早上自掏腰包供應她早餐，每天中午親自掌廚供應營養午餐。漸漸地，小如的臉上開始有了笑容，願意跟同學交往，臉色也逐漸紅潤起來，病況也逐漸好轉，杜老師心裡覺得很安慰。

兩年之後，這班學生即將畢業，五月底，防癆協會會長發覺小如已經痊癒，很興奮地打電話給校長：「貴校有位杜老師，她真的很偉大。她班上有位患肺結核的女生，本來五年來的病情毫無進展，而且在持續惡化當中，不料在杜老師的細心照顧之下，不到兩年的時間，那位女生居然奇蹟式地恢復健康，可喜可賀！……」

校長感動之餘，在未告知杜老師的情況之下，就直接打電話給《新生報》記者。不久，《新生報》「師生之情」專欄刊載出來，以「情同母女」斗大的標題，詳述：「杜老師兩年如一日，每天提供營養食物，並以無比的愛心照顧一位失去母愛、病情惡化，又貧無所依的女生，終於使她恢復健康……」。

報紙登載出來當天，小如卻缺席了，而她爸爸竟然出現了，一見面就破口大罵：「妳為什麼要講我女兒有肺結核？妳自己要出名，卻出賣我女兒，將來害她嫁不出去，我找妳算帳！」對於家長如此的誤會及汙衊，杜老師只能把眼淚往肚子裡吞……

如今小如已嫁為人婦，住在新北市三重區的透天厝，生活優渥，念念不忘師恩，但個性內向，一直不敢有所表示。直到生完第三個孩子，才鼓起勇氣打電話給杜老師：「老師，謝謝您！生完孩子之後，才知老師恩重如山，我今天能這樣健康，全虧老師當年一手照顧出來的！……」

以上杜老師的作為，無形中符合「行為改變技術」的程序：

1. 杜老師的目標是讓小如恢復健康。（確定目標）

2. 小如自國小三年級就患結核病，五年以來經常不吃藥，當時已經惡化，是個有傳染性的危險人物。（測定基線）

3. 每天早上提供牛奶、麵包，中午提供荷包蛋及雞腿給小如（除了提供營養的功用之外，另一個功用是小如也因此才會心甘情願地配合老師的要求，包括吃藥、照 X 光等）。（選擇增強物）

4. 杜老師安撫小如：「老師並沒有要趕妳走的意思，只要妳願意聽老師的話，妳天天都可以來上學！」……漸漸地，小如的臉上開始有了笑容，願意跟同學交往，臉色也逐漸紅潤起來，病況也逐漸好轉。（安排後果）

5. 小如完全痊癒（並且後來健康地嫁為人婦，生了三個孩子）。（評估效果）

 挑戰性問題

1. 您是否同意本節「校園故事」中教師之各項作法？是否有其他補充或不同意見？

2. 針對上述兩個案例，您有何心得？或有其他相關的案例可提出來分享？

3. 史金諾否定「自由」與「尊嚴」的價值，他堅決主張：人類的抉擇是由「社會環境」所決定的，我們無選擇的自由。您是否認同他的看法？有何補充說明？

4. 史金諾認為，運用「增強原理」可以有效改善學生行為，主要是用增強物來酬賞學生，鼓勵學生重複此項良好行為。然而，有一種說法叫「饜足原理」（satiation），該原理指出增強物提供過量會喪失其效果。您認為呢？可有何適切調整的辦法？

5. 行為主義派認為偶爾使用懲罰是需要的，但在必要情境下才能使用。如果您同意這樣的看法，請問：什麼是「懲罰」適當的時機與原則？

6. 行為改變技術要透過「契約制」來實現。假定一位學生（年級自訂）始終不能準時繳交作業，您如何和他訂立一個有效的契約？

7. 有批評者認為，行為改變技術的目的在控制學生行為（和思想），有違民主精神，或批評只重行為之改變，而輕行為之成因，潛在問題仍沒解決；又，一味地對某行為獎賞，結果反而會降低學生在此方面的內在動機，得不償失。您對上述的批評，有何看法？

8. 為落實本節「行為主義相關模式」的各項主要原則，應有的基本理念和配套措施為何（例如：a.教學目標，b.教學內容，c.教學方式，d.教學活動，e.學習型態，f.補充教材，g.教具媒體，h.教學評量，i.學生輔導，j.師生關係，k.親師關係，l.班規建立，m.班級組織運用，n.班級氣氛經營，o.教室環境營造，p.校園危機處理等方面）？試擇其一二項論述之。

 ## 教師妙錦囊

妙錦囊一：傾聽學生心聲，可預防許多憾事發生

　　青少年心智較不成熟，遇到事情不懂得如何解決，也不懂得如何紓壓，很容易鑽牛角尖、走入極端，尤其是個性較內向的學生。若身邊有父母和師長能耐心傾聽其心聲，趁機加以開導，將能有效地預防許多憾事發生。

妙錦囊二：藉助筆談，可與孩子心靈交流

　　有些事，當事者很難啟齒，只好訴諸筆端。有經驗的教師，很容易能從聯絡簿、日記、作文、週記中發覺孩子的問題，趁機加以輔導。此不但能預防許多憾事的發生，且能與孩子心靈交流，增進彼此感情。

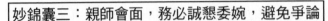

妙錦囊三：親師會面，務必誠懇委婉，避免爭論

　　許多教師常有「愛教訓人」的職業病。教師與家長懇談時，務必禮貌、誠懇，儘量避免以教訓的口氣。若意見相左時，不堅持、不爭辯，尊重對方，避免不歡而散，寧可留下一條日後繼續溝通的管道。

妙錦囊四：外在環境制約，寧獎少罰

　　為了塑造學生行為，教師可以透過增強及處罰技巧以達成制約的目的。增強（獎勵）時，應事先評估制約對象真正在乎的形式，才能有顯著效果；處罰時，要特別謹慎，最好能在師生都心平氣和的情況下冷靜為之，且盡可能留有餘地，避免師生因之產生嫌隙，增加日後管教困難。

妙錦囊五：行為改變技術是管教良方

　　有少數學生，的確頑劣不堪，但「無法管教」者，少之又少。教師管教學生時，切忌訴諸情緒，以免失控，徒然造成「雙輸」的場面。若能冷靜地以「行為改變技術」處理之，則理智抬頭，事緩則圓，常常會有不錯的效果。

追求社會公平正義

　　十二年國教的第五大目標是「追求社會公平正義」，教育部針對此一目標所提出的方案是「促進教育機會均等」，而我站在「班級經營」的角度，覺得身為教師，更應該重視「懲戒校園霸凌」這一議題。

　　「校園霸凌」由來已久，至今仍方興未艾、時有所聞，它甚至是一些弱勢孩子一輩子揮之不去的夢魘，不容忽視。如今，十二年國教即將上路，是否從此就能揮別「校園霸凌」的陰影？我不敢樂觀。

　　其一，校園是社會的縮影，「欺負弱小」一直是人性卑劣的一面，有史以來，從未斷根。

　　其二，十二年國教上路，對大多數功課中下程度的學生而言，用不用功關係不大，反正都可以免試升學。因此，若有些「飽食終日，無所事事」者，是否會窮極無聊，而以「霸凌」為樂，值得重視。

　　其三，對於許多明星高中而言，本來的「英才」教育被迫變成「混材」教育，從此程度好的與程度差的編在同一班，素質差距拉大，是否會「雞飛狗跳」，衍生許多「霸凌」問題，也在未知之數。

　　因此，本章第一節「獎善懲惡，鼓勵自新」，旨在擬訂有效辦法，懲戒霸凌行為，以收「殺雞儆猴」之效。

　　第二節「以團隊力量守望相助」，說明結合學校教育及各類資源，有效打擊犯罪的具體辦法。

　　第三節「當頭棒喝，以正視聽」，除糾正學生的錯誤觀念之外，也不容學生以眾凌寡，以正視聽。

　　但願每位敬愛的教師，都是「校園正義」的守護者！

第一節　獎善懲惡，鼓勵自新

～擬訂有效辦法，懲戒霸凌行為，但留有餘地，給予將功補過的機會

瓊斯（F. Jones）【正向班級常規模式】：
教師應將焦點放在團體中最具破壞性的學生身上

 ## 校園故事

高雄市某國中，有位陳老師，有一天下班回家，經過校門口，遇到班上的小志，背著書包，垂頭喪氣，正要走出校門。陳老師叫住了他，發覺他不但衣服髒亂不堪，而且身上有淤青、臉上猶有淚痕。陳老師大吃一驚，連忙問他怎麼回事？

原來是隔壁班的王姓大姊頭，已經勒索他許多次，剛剛是因為勒索不成，率領兩名嘍囉，把他拖到廁所裡毒打了一頓。臨走時還揚言：「明天如果還交不出三百元，給我試試看！」

陳老師聽得義憤填膺，早就聽說「三人幫」的種種惡行，尤其是王姓女生，已被記了兩大過兩小過，而家長仍處處護短，極其難纏。但既然已多次霸凌到本班同學身上，無論如何不能再姑息養奸，決定給予制裁，於是她打了幾通電話。

第二天第一節下課時，三名惡煞果然又來勒索，小志推說沒錢，帶著他們向同學小明借錢。小明套他們話，要他們親口說出這是有借無還的保護費後，才在他們的多方恐嚇之下，勉強交出原來是補習費的三百元。

不久，陳老師偕同隔壁班葉老師找到那三名學生到訓導處說明，不

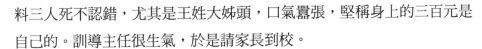

料三人死不認錯，尤其是王姓大姊頭，口氣囂張，堅稱身上的三百元是自己的。訓導主任很生氣，於是請家長到校。

而王姓家長居然請議員到校，一起為女兒撐腰，並且巧言為女兒掩飾，說錢是他給的。經陳老師找來小明，出示三張鈔票影本後，王先生馬上改口：「只是向同學借錢，有什麼大不了的？」無論如何都不肯接受校方的任何處罰，且在訓導處大吵大鬧。陳老師不得已，當場播放小明暗中錄製的錄音帶，對方這才啞口無言。

✽ ✽

後來，小志的家長也趕到，當場出示小志的驗傷單，嚴正表明：「如果沒有獲得滿意答覆，將不惜提告！」這時，有三位曾被王姓女生等人勒索過的學生家長，也趕來聲援，來勢洶洶、同聲譴責，讓王先生有點招架不住。

訓導主任接著表示：「三名同學都不是初犯，而且在這種人證、物證齊全的情況下，一旦被移送法辦，極有可能被移送少年監獄，一生將永遠烙上不可磨滅的污點！」

事情演變至此，連議員也不敢造次，王先生開始緊張，態度逐漸軟化，表示：「願意道歉及賠償同學們的損失，請再給她一次機會！」經訓導主任說好說歹，現場所有家長、老師、學生共同簽名，作成以下幾點決議：

1. 為了給予三人自新的機會，暫不移送法辦，但犯錯的三人仍須接受記大過處分。

2. 三人必須寫悔過書，保證永不再犯，否則將接受法律制裁。

3. 三人須當場向小志、小明以及家長們道歉，並於三日內退回或賠償所有勒索過的財物。

4. 三人都已記過累累，訓導處特地給予他們「將功補過」的機會：

每節下課到訓導處簽到，幫忙傳送給各班的通知單，每二十次記嘉獎一次；每天留校勞動服務一小時，每十天記嘉獎一次，以便將來將功抵過，才能得以順利畢業。

從此以後，以王姓女生為首的三人組，行為果然收斂了許多，影響所及，其他品行較差的同學，因此不敢肆意為惡，校園氣氛為之平靜了不少。事後，陳老師特別當眾表揚小明的熱心及冷靜，說他有大將之風，將來一定是成大事的人，並給予記功，以資獎勵。她呼籲班上同學：遇到事情要懂得尋求援助，並且希望大家要見義勇為、守望相助，才能有效地鏟除校園的惡勢力。

 ## 班級經營理論

瓊斯（F. Jones）【正向班級常規模式】

瓊斯（1940-）任職於美國加州大學洛杉磯校區（UCLA）神經精神醫學院，是一位臨床心理學家，也是加州聖克魯茲「教室管理訓練計畫總部」主任，專門研究兒童和青少年在家庭和學校環境社會化的情形。著有《正向班級教學》（*Positive Classroom Instruction*, 1987）、《正向班級紀律》（*Positive Classroom Discipline*, 1987）等書。他的班級經營理論主要有下列幾個觀點。

1. 組織班級結構：發展有效的班級結構，包括：規範、程序及物理環境的安排等，使管理成為例行的活動。

2. 運用限制活動：運用有效的肢體語言來執行規範，目的是使學生安靜下來，回到學習的任務上。

   (1)教師應將焦點放在團體中最具破壞性的學生身上。

   (2)教師可走近有不良行為傾向的學生，或是將其調至較靠近教師的座位。

3. **責任訓練**：教導學生分工合作及負責盡職，目的是培養學生對其本身的學習行為負責。

   (1)獎勵必須是學生所需求的，對學生而言是有價值的。

   (2)獎勵必須是每個人都有希望獲得的。

4. **設置支持系統**：是指一套負面反應的作業流程或回應步驟，以壓制嚴重的破壞行為，並為紀律的管理提供負面的制裁。

（參考自吳明隆，2012：319-321；金樹人編譯，2012：163-187；張民杰，2011：341-345；單文經等譯，2004：246-279）

 ## 案例參考

┌─────────────────────────────────┐
│ 案例一：將焦點放在最具破壞性的學生身上 │
└─────────────────────────────────┘

故事中的陳老師以及葉老師，將焦點放在王姓女生身上，對該生等人的兇惡狡詐及家長的護短行徑知之甚詳，所以才能及時想好對策，給予應有的制裁。只可惜葉老師過於消極，不能主動出擊、防患於未然。

✤ ✤

桃園市某國中，曾有一個二年十六班，號稱「流氓班」，全班都不喜歡念書，由一個黑道大哥帶頭搗蛋，全校老師居然都束手無策，導師一個換一個，最後來了一個年輕的女老師，臨危受命，當他們的班導師。大家都很為她擔心。

誰知幾天後，那位女老師居然對大家說：「你們覺得是大禍害的那個男生，對我而言，可真是無價之寶哩！」

果不其然，從此這個班的整潔、秩序比賽幾乎都得冠軍，而且上課氣氛也愈來愈好。打聽之下，原來是那個黑道大哥率領全班同學全力相

挺這位女老師。大家都很好奇地問她：「妳是怎麼收服他的？」女老師很訝異：「收服？哪有！我只是一開始就把焦點放在他身上，然後接納他、肯定他、欣賞他，時時用關愛的眼神望著他，如此而已！」

案例二：獎勵必須是學生所需求的

故事中的「三人幫」，都已記過累累，因此訓導處所給予的「將功補過」辦法，對他們而言，應該是幫助很大。因為唯有將功抵過，將來才能順利畢業。既然這樣的「獎勵」是他們所需求的，效果也一定會很好。

✿ ✿

有一年，我在某國中擔任三年級後段班的導師，有個學生阿義，被好幾個班級拒收，原來該生品行欠佳，已被記了四支大過，而且還有毆打老師的紀錄，後來轉到我班上。

第一天我找他來，他卻以充滿戒備的眼神瞪著我，我請他坐下，告訴他：「人非聖賢，孰能無過？我知道你很想畢業，只要你能改過，老師願意幫你銷過，讓你順利拿到畢業證書。辦法是你每做一件好事，就給你一張榮譽卡，積滿二十張記嘉獎一次，依此類推。你願意嗎？」他點點頭，當然願意。

不出三天，他就因缺交週記必須受罰。我沒有罰他，只是找他來問，並再給他一次機會。然而第二天，他卻拿一本已經轉學的同學寫的週記，塗改姓名後交了過來。我再找他來，充滿善意的告訴他：「這是你犯罪的證據，依校規要記大過，請趕快拿走，老師裝作不知道，但明天一定記得要交週記喔！」突然間，他的眼神柔和了許多。

第二天他果然交來一篇自己寫的週記，內容充實、字體端正，於是

我當著全班同學的面前誇獎他，給他榮譽卡。

　　也許這時他已能充分地感受到老師的真心，他從此每天第一個早到，一來就開始打掃教室，又受到我當眾獎勵，得到榮譽卡。他表現得愈來愈好，天天幫同學掃地，一有機會就幫忙修理班上的桌椅，或背書給我聽。後來，我還任命他當風紀股長，管理班上秩序，他天天都可以拿到好幾張榮譽卡。

　　他的功課也愈來愈進步，從剛開始的十幾名一直進步到全班第五名、第三名、第一名，我也時時不忘給他榮譽卡，給他關愛的眼神。到了下學期時，他不但已經銷掉四支大過，而且還當選為全班優良學生代表，後來也順利地拿到畢業證書。

　　以上是把問題學生改造成優良學生的成功個案。雖是個案，我相信對任何學生都同樣有效，只要教師能掌握到一個原則，那就是：獎勵必須是學生所需求的，對學生是「有感」的，才有效！

　　案例三：提供負面的制裁

　　如故事所述，陳老師和葉老師在訓導處的配合下，的確有一套懲戒不良份子的辦法（例如：記過、罰勞動服務、請家長到校等，最重可移送法辦）。實施之後，效果顯著，可見一套負面反應的機制確有必要。

　　教師的班級經營，最主要的是要維持班上的和諧，因此對於嚴重破壞和諧的行為，當然不能姑息養奸，陳老師不惜借助於校方及家長甚至警方等外力資源，最主要是為了紀律的管理提供負面的制裁，以保障所有學生人身及財物的安全。

❋ ❋ ❋ ❋ ❋ ❋ ❋ ❋ ❋ ❋ ❋ ❋ ❋ ❋ ❋ ❋ ❋ ❋ ❋ ❋

　　其實故事中的事例是個特例。很少有學生及家長，惡劣到老師必須借助警方或法律，作為負面的制裁來維持秩序。以我為例，從事教育工作三十年，不但從未借助於以上外來的資源，連「記學生大過」這樣的例子也很少發生。最常作為負面的制裁工具是「罰學生慢跑」。

　　有好多年，為了增強學生體力、紓解他們的壓力，以及促進青少年腦細胞的成長發育，我每天都會帶著我的學生，利用下課十分鐘的時間，慢跑操場三圈。慢跑一陣子之後，發覺學生的接受度滿高的，而且對其身心健全都有正面的影響。從此，凡是學生有些違規事項，諸如：「掃地不用心」、「考試不及格」、「作業遲交」、「上學遲到」、「罵髒話」……等，除了少數罰「勞動服務」外，大多自願被罰「跑步」。

　　記得有一次有幾位頑皮的男生在玩「阿魯巴」，我知道後，特地把全班的男生召集過來，很嚴肅地告誡他們：「這個遊戲很危險，一不小心會把『子孫堂』弄壞，將來當不成男人，這要如何對得起同學和家長？……」為了處罰這些精力過剩的學生，於是讓他們放學後留下來，陪老師慢跑操場五圈。

　　印象中，有個小榕，身材高大壯碩，脾氣暴躁，動不動就對同學揮拳。有一次又毆打同學，雖然他事後認錯道歉，但仍然必須處罰他。

　　我問他：「要罰什麼？」

　　他答：「罰跑步。」

　　「可以，但這次情節嚴重，須跑一百圈。」

　　他嚇了一跳：「嘎！一百圈？」

　　「對！但可以分期付款，從明天開始，每天跟同學一起跑三圈，但早自習前要多跑兩圈，放學後再陪老師跑五圈，知道嗎？」

　　他喜出望外，爽快地答應了。從此，他過剩的精力有地方發洩，暴戾之氣也減少了。

　　還有一個意外的收穫：兩、三年後的高中聯考，天天慢跑的同學，

他們的成績都出乎意外的亮麗，不但沒人失常，還爆出許多黑馬。

　　我相信「慢跑」是最溫和、最健康、最有效，又比較沒有後遺症的負面制裁方法，不知道讀者的看法如何？

　　總之，班級經營就是要威、恩並用，不但要有一套制裁學生不良行為的辦法，使學生不敢為惡，還要留有餘地，讓犯錯的孩子有改過及重新學習的機會，更重要的是，要得到孩子的心，讓他們知所感恩。能這樣，整個班級才會有凝聚力及歸屬感，這樣的帶班方式，才算是成功。

 ## 挑戰性問題

1. 您是否同意本節「校園故事」中教師之各項作法？是否有其他補充或不同意見？

2. 針對上述三個案例，您有何心得？或有其他相關的案例可提出來分享？

3. 如何發展有效的班級結構，使管理成為簡單而例行的活動？

4. 若您正在教學進行中，有學生有不當的行為，您會中斷教學去阻止他？還是暫時隨他去？可有更妥當的作法？

5. 有哪些肢體語言適合在班級內實施，且深具影響力？

6. 如何培養學生「自律」的能力？有何配套措施？

7. 學校應有一套支援系統，以提供教師資源（支援）來處理學生嚴重的違規行為；請問這套系統應有哪些內容？

8. 為落實本節「正向班級常規模式」的各項主要原則，應有的基本理念和配套措施為何（例如：a.教學目標，b.教學內容，c.教學方式，d.教學活動，e.學習型態，f.補充教材，g.教具媒體，h.教學評量，i.學生輔導，j.師生關係，k.親師關係，l.班規建立，m.班級組織運用，n.班級氣氛經營，o.教室環境營造，p.校園危機處理等方面）？試擇其一二項論述之。

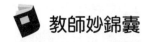 **教師妙錦囊**

妙錦囊一：將焦點放在團體中最具破壞性的學生身上

所謂：「擒賊先擒王」，學生當然不是賊，但道理可通。許多在團體中興風作浪的學生，通常是精力過盛，或有其他才能，教師應經常將焦點放在這類學生身上，或委以重任，期能化負為正、化阻力為助力。再不然，因為經常注意他，並經常找他個別談話，愈建立起良好的師生關係，就愈對他有約束力，最起碼要讓他發揮不了破壞力。

妙錦囊二：教導學生分工合作及負責盡職

教師沒有三頭六臂，不可能事事親力親為，因此教導學生分工合作及負責盡職，不但能為老師分擔解憂，還能讓孩子從中獲得做人做事寶貴的生活經驗，並培養責任感，期能成為將來社會中，有才、有能、有擔當，又能與人和衷共濟的好人才。

妙錦囊三：對犯錯的孩子留有餘地，期能改過

正在成長中的孩子，心智未成熟，難免會犯錯。身為教師，固然不能姑息養奸，但也不能趕盡殺絕，以免犯錯的孩子眼看回頭無望，只好「豁出去」，向下沉淪。因此，有智慧、有愛心的老師，一定事事為學生設想，處處留有餘地，給予改過自新的機會。

妙錦囊四：遇到困難時，要善加運用資源，勇於求助

教師不是超人，能力有限，難免會遇到一些困境。這時，可以向資深的老師求教，也可以向輔導室、學務處等行政單位求助；必要時，更可以請求警察單位給予支援。只要勇於任事，向任何單位求助都不可恥，反而會贏得人們的尊敬。

妙錦囊五：經常獎勵及公開讚揚對班務有貢獻的學生

　　學生心智未成熟，很需要教師適時地引導。然而，與其當孩子做錯事時給予「當頭棒喝」，還不如做對事時給予「公開表揚」。此舉不但能使當事者獲得「正增強」，也能使其他同學見賢思齊。因此，獎勵及讚揚的效果比訓誡或處罰更有效！

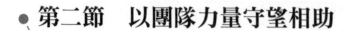

第二節　以團隊力量守望相助

~結合學校教育及各種資源，有效打擊犯罪，維護公平正義

科威恩、曼德勒（R. L. Curwin & A. N. Mendler）【尊嚴管理模式】：
班級經營應該以學生為中心，重視責任養成而非服從模式

 校園故事

自從警覺到「霸凌事件為禍校園」的嚴重性之後，嘉義市某國中的林老師，幾乎每天都全力以赴，就像一隻保護小雞的母雞一樣，努力地保護班上每一位同學有「免於恐懼」的權利。

但她經常在事後聽到校園的某些角落，仍有許多哀哀哭泣的聲音，仍有許多慘遭霸凌或勒索卻不敢聲張，只能提心吊膽，甚至恐懼上學的可憐孩子。林老師認為，應該由全校師生來共同努力，來完成此一目標才是。於是到處奔走，主動找上學務處和校長室，獲得校方的重視，並在導師會議上幾次溝通討論的結果，全校採取以下七個措施。

一、大力宣導

在每週的週會時間，請法律界、警界、學界等專家學者到校演講，從「法律」觀點、「道德」觀點，甚至從「宗教」觀點，來警告、勸戒同學們不要「誤蹈法網」、「誤入歧途」，以免「一失足成千古恨」，結果成效良好。

除了所聘請的名嘴，以幽默風趣的口吻、唱作俱佳的表演方式，吸引全場的目光焦點外，校長甚至還不惜自掏腰包，購買許多小禮物，以

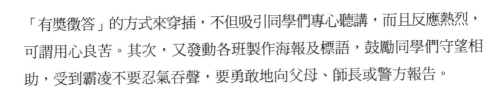
「有獎徵答」的方式來穿插，不但吸引同學們專心聽講，而且反應熱烈，可謂用心良苦。其次，又發動各班製作海報及標語，鼓勵同學們守望相助，受到霸凌不要忍氣吞聲，要勇敢地向父母、師長或警方報告。

二、守望相助

　　每班在班會時間強力宣導「守望相助」的觀念。像林老師，就先把校方「幫助同學、檢舉不法」的獎勵辦法公布出來，讓同學們討論實施辦法。討論出來的辦法是：

　　1. 本身絕不霸凌同學，否則將受到同學們群起而攻之。

　　2. 同學之間有糾紛，其他同學有義務幫忙排解，或報告老師。

　　3. 把班上同學分成若干組，放學時盡可能一起行動，不使任何一位同學落單。

　　4. 平常以手機相互聯絡，有事相互支援、幫忙報警。

　　有一次，一名學生在上學途中，一下火車，就被七名不良少年挾持，帶著他到偏僻的巷道，準備洗劫財物。幸好被三名同校同學發現，其中兩名學生跟了過去，而另一位同學則以手機報警並通知學務處，且拜託其他路過同學前往馳援。七名不良少年眼見馳援學生愈來愈多，只好撂下狠話，在警力未到前就落荒而逃；事後這些見義勇為的學生都受到校方獎勵。

三、任務編組

　　將學校現有的糾察隊重新「任務編組」，劃分「責任區」，尤其是每一間廁所及校園角落，每一節下課都有人巡查及通報，並明訂獎懲辦法，讓霸凌者無所遁形。

　　剛開始時，每節下課都會見到學務處組長們殺進殺出，忙著到處拎出垂頭喪氣的施暴者，以及救出鼻青臉腫的被害者，到後來校園裡幾乎

見不到霸凌事件了。

四、獎善懲惡

例如：某班有位女生小靜，在校園角落看到四個學生勒索不成，圍毆另一名男生小培，小靜上前阻止，反被打傷。她不受威脅，勇敢地向學務處檢舉。

結果打人與被打的六名學生之家長全都被請到學校，學務主任曉以大義，告訴他們：

> 「依《刑法》第 305、328、346 條，恐嚇取財已經是犯法的行為。但若是以暴力、脅迫的手段逼迫他人交出財物，而使他人沒有反抗餘地時，就成立情節更重的強盜罪，若移送法辦，勢必被關進少年監獄好幾年。更何況又觸犯《刑法》第 277 條打傷同學的事實，只要家長提告，你們四個人就免不了會有牢獄之災！」

四名犯錯的學生這才了解到問題的嚴重性，只得當場向小培和小靜道歉，請求原諒。

但他們仍須接受連續兩個禮拜，每天留校一個小時的勞動服務，用以取代「記大過」的處分，並簽具切結書：「下次若再犯，願意接受移送法辦的處分，絕無怨言！」接著請輔導室介入，盡可能將他們導入正途。第二天朝會時，校長請小靜上臺接受表揚，要同學們見賢思齊，勇敢地檢舉不法。從此以後，果然有愈來愈多的同學敢於對抗惡勢力，相對的，一些行為偏差的學生見苗頭不對，只好自我收斂，不再惹事生非。

五、警力支援

一開始，校長就親自帶領主任、組長去拜訪附近的警察分局，獲得

分局長大力支持，不但將學校附近列為重點巡邏路線，並且承諾「一有
電話就儘快趕到」。

　　有一次放學時間，有五名不良少年在學校後門堵人，隨即押走一名
學生，有兩名糾察隊員發現了，一名回報管理組長，組長立即報警；另
一名則悄悄跟蹤。於是當五名不良少年正對該名學生拳打腳踢之際，警
車以迅雷不及掩耳之速趕到，五名惡少乖乖俯首就擒，並且被移送法辦。

六、發洩精力

　　校方成立「籃球社」、「排球社」、「羽球社」、「桌球社」、
「游泳社」等社團，鼓勵同學們每天放學後留校從事正當活動，不但可
鍛鍊身體，而且能發洩多餘的精力。

　　實施以來，除了因打球不小心的碰撞而發生幾次小衝突之外，不但
打架、鬥毆及霸凌事件減少許多，連學校的設備也很少被破壞了，可謂
一舉數得。

七、通知家長

　　校方將以上六種「反霸凌」的保護措施方案，以書面通知家長，再
請老師以電話聯絡，請家長配合，多多關心孩子，鼓勵孩子養成「把每
日校園生活的大小事件，一一報告家長」的習慣，並察言觀色，觀察其
子女上學前或放學後有否異狀，且常與老師聯繫。

　　果然，從此親、師、生之間的感情更加綿密，溝通管道更加暢通。
更值得稱道的是，家長一察覺其子女稍有異狀就會立刻通知老師，使得
「霸凌事件」無所遁形，為惡者立被重懲，有效地遏止歪風。

　　以上七種措施，經該校校長帶領全校師生不遺餘力地推行之下，果
然成效顯著，不但使校內外的惡勢力無法生存，學生多餘的精力也得以

發洩。上學成了快樂的一件事，再也沒有學生害怕上學；同時也為全校學生上了寶貴的一課，不但使正義得到伸張，而且讓有心為惡者不敢心存僥倖。相信這批學生長大之後，不但能懂得以正當的途徑，來保障自身免於恐懼的權利，也懂得以正當的群體活動，維護自己身心的健康。

 ## 班級經營理論

科威恩、曼德勒（R. L. Curwin & A. N. Mendler）
【尊嚴管理模式】

科威恩（1944-）為美國麻州大學 Amherst 校區教育學博士，曾任教中學教職，他和心理治療師曼德勒（1949-）共同創立一家「紀律聯營公司」（Discipline Associates），提供班級經營與情緒困擾學生的專業諮詢。著有《紀律手冊：學校與班級經營指引》（*The Discipline Book: A Complete Guide to School and Classroom Management*, 1980）、《尊嚴管理》（*Discipline with Dignity*, 1988）等書。他們對班級經營的理論要點如下。

1. 四項基本理念

　(1)班級經營應以學生為中心。

　(2)強調民主氣氛。

　(3)避免權威態度。

　(4)重視責任養成而非服從模式。

2. 七項行為規則（七選五）

　(1)教師應致力於學生的長期行為改變，而非短期快速矯正。

　(2)教師應終止無效的作法，且願意改變無法發揮效果的行為。

　(3)教師會遵守公平原則，但不會總是以相同的方式對待每位學生。

　(4)教師要使班級規則產生意義，也要讓學生了解規則為何存在。

(5)教師總是有尊嚴地對待每位學生，並應輕聲細語說出只有該生能聽得到的評論。

3. 社會契約

社會契約是教師掌管教室且能賦予學生發言權的最有效方式之一，其功效如下：

(1)清楚地界定學生違規「之前」適當與不適當的行為。

(2)讓學生參與規則的制訂，使他們能對所發生之事負起責任。

(3)為每項規則訂定合理後果（處分，而非懲罰）以及報酬或獎賞。

（參考自張民杰，2011：365-369；單文經等譯，2004：213-244）

 案例參考

案例一：重視責任而非服從

教師應教導孩子要有使命感，以團體為己任，盡可能幫助或照顧團體內的每一份子，例如：故事中「守望相助」、「幫助弱小」、「檢舉不法」的小靜，就是成功的案例。而最近報載：新北市三重區某國中的十七名應屆畢業生，相約六月初某夜到忠孝碼頭烤肉喝酒，其中一名蘇姓男生與同學嬉鬧時，遭碰撞落水，多數同學竟然鳥獸散，既未救人，也未報警，更沒有告訴家長，而消防局只接到兩通報案電話。這些同學不只是嚴重缺乏責任感，而且已經到了沒有人性的地步，這是教育的失敗！

❀ ❀

臺中市有位李老師，經常灌輸學生：「不會讀書沒關係，要會做事；不會做事沒關係，要有責任感。有責任感的人，就是有用的人才」的觀

念。

她很注重打掃工作，經常強調：「維護校園整潔，人人有責！」她也把整潔工作分成三組：「掃教室組」、「掃廁所組」、「掃校園公共區域組」，同學可以自由選擇在哪一組，但每週輪番替換。

李老師經常以身作則，帶領同學打掃，也常以讚美、獎賞方式及關愛的眼神，讓學生肯定自己：「我是個有用的人！」因而提升了他們的榮譽心。她的班級年年整潔及秩序比賽都是冠軍。她的學生每個人都知道：「我有責任維護校園整潔，我有責任維護班上榮譽！」

❋ ❋

臺中市某國小，有位周老師，發覺某些學生不喜歡數學，挫折感愈來愈深；而成績好的學生，則因很有優越感，而瞧不起成績不好的同學，彼此間顯得有些對立。周老師必須想辦法在隔閡加深前阻止。

有一次，她在黑板上出了十道數學題目，要學生在作業本上練習，並鼓勵他們：「已經寫完而且答案正確的人，可以去幫助不會的同學！」果然，已經寫完的學生，紛紛主動去教導其他同學，甚至到後來，還演變成少數還沒完成作業的學生，被好幾位熱心同學團團圍住，爭相解說，場面十分熱絡！

周老師請這些助人的同學站起來，請大家給予熱烈的掌聲，並頒給他們榮譽卡，且在事後，凡是受到幫助，在聯絡簿上表達感恩之意的同學，老師也會請他們上臺將聯絡簿上的內容唸給大家聽，讓全班一起分享。從此每次數學課，周老師都會徵求自願者協助同學解題。

這件事的結果是：當有人需要協助時，立刻會有同學主動伸出援手，受助者也懂得感恩回饋，班上同學的感情愈來愈好；而且無論是教人或被教者，成績都有長足的進步；全班對數學由最初的「不喜歡」，轉變成「很有興趣」。可謂一舉三得。

以上是周老師鼓勵同學，把「幫助同學」當成自己責任的成功案例。

案例二：懂得改變無法發揮效果的行為

故事中的林老師，本想單憑自己的力量，努力地保護班上同學免受「霸凌」之苦。但她後來發覺，單憑自己的力量過於薄弱，無法保護更多的學生，於是到處奔走，終於獲得校方重視，以全校的力量共同完成此一目標。

這是林老師的可敬之處，經過一番努力之後，若發覺無法發揮效果，就立刻懂得改變。

✽ ✽ ✽ ✽ ✽ ✽ ✽ ✽ ✽ ✽ ✽ ✽ ✽ ✽ ✽ ✽ ✽ ✽ ✽ ✽

有一次，我班上有位學生，穿了一件校外服裝到校，不聽勸導、不願脫掉，而且態度傲慢，我氣得想打電話給家長。這時，在一旁的林老師卻說：「這孩子我教過，他本性不壞，只是有點拗，等會我來勸他好了！」果然，不久之後，該名學生就主動來道歉了。

又有一次，有學生在週記上寫了很多不堪的話罵我，我看了很生氣，找他到辦公室來質問他，他態度很不好，我更火大，大聲罵他，場面火爆，等那學生一離開，林老師在旁輕聲：「其實他受傷也很重！」這使我恍然大悟，頓時怒氣全消，從此不再疾言厲色痛罵學生，並且能與學生做良性溝通。以上兩件事都讓我為之汗顏，自我反省許久。

從以上兩件事，可見教師應懂得改變無法發揮效果的行為，並見賢思齊，才能自我成長。

✽ ✽ ✽ ✽ ✽ ✽ ✽ ✽ ✽ ✽ ✽ ✽ ✽ ✽ ✽ ✽ ✽ ✽ ✽ ✽

基隆市某國中，有位曾老師，曾三令五申地嚴禁班上有任何「霸凌」的行為，但效果不彰。

　　她班上有名男生小華，長得瘦小秀氣，個性懦弱，缺乏陽剛氣息，又喜歡跟女生們玩在一起，因此成為班上幾個粗暴男生霸凌的對象。他們經常以「死娘娘腔」、「變態」、「死三八」等尖銳的話語來羞辱他，且經常對他拳腳相向，嚇得他從此不敢接近女生，但這仍無濟於事，只見他身上的繃帶日漸增多。

　　有一天，班長小芳在校園裡某個角落，看見小華雙手抱頭，蹲坐在地，正無助地忍受六個同學殘酷地圍毆。伴隨著小華的哀號聲，眼看好多隻腳不停地、重重地踹踢在他身上，小芳看得義憤填膺，忍無可忍的她激動地衝了過去，大叫著：「夠了吧？你們！」六名惡霸才悻悻然地住了手，臨走之前，還對她撂下狠話：「要是膽敢告訴老師，妳就試試看！」

　　小芳內心掙扎了許久，到了晚上才鼓起勇氣打電話給導師曾老師。大吃一驚的曾老師，連忙趕到小華家去探視，看到遍體鱗傷的小華以及他那心疼得以淚洗面的寡母後，她建議家長，第二天帶孩子去住院檢查；曾老師的內心感到既慚愧又憤怒，覺得自己枉為人師，卻讓班上發生這種令人髮指的憾事。當天晚上輾轉難眠，終於想好對策。

　　先是第二天上課時，曾老師若無其事地問大家：「今天小華為什麼沒有來上學？有哪位同學知道？」大家都說不知道，尤其是那六名施暴者，都心虛地偷偷交換眼色，悶不吭聲。

　　突然之間，三名警察出現在教室門口，在知會老師後，其中一位警官當眾點名，揪出六名嫌犯，說：「這六位同學涉嫌毆打同學重傷住院，現在必須把他們押送警局。」其餘兩名員警即拿出手銬，作勢要銬上。只見六名惹禍者，一個個嚇得渾身發抖、面無人色，有的放聲大哭，有的趴跪在地上不肯起身，哭喊著：「我知道我錯了！老師救救我們！我不要被關起來！」

　　經老師說好說歹，先向警察求情，又打手機給小華的家長，懇求了

許久，終於獲得家長諒解，暫且先網開一面。警察當場把六名逞兇者狠狠地訓誡了一頓後才離去，總算解除他們燃眉的牢獄之災。

接著，老師很沉痛地提醒同學們要有「同理心」，想像自己或家人受到這樣霸凌時的痛苦心情，並呼籲大家要發揮俠義精神，「路見不平」時，不見得要「拔刀相助」，但可以「挺身而出」，或趕緊報告老師，這樣不但能使受害者即時獲得救援，也能適時提醒施暴者不要一錯再錯。當老師從同學口中，得知班長曾挺身而出時，立即請小芳站起來，請大家給予熱烈的掌聲，並記了一次小功，大力推崇這樣的俠義行為。

下課後，老師把六名肇事者帶回辦公室，要他們寫悔過書，保證以後不再欺負同學，否則願受法律制裁。接著，並打電話給肇事者家長，請他們在放學時間陪著孩子，帶鮮花水果到醫院去探視小華，求得對方家長的原諒，並支付醫藥費。老師給六名同學各記了一支大過，但申明可「將功補過」，今後若有任何照顧小華的事實，或幫助其他同學的行為，老師都可以酌情給予記功嘉獎，藉以補過或銷過。

故事中的曾老師，雖然三令五申地嚴禁班上有任何「霸凌」的行為，但效果不彰。難道要讓學生自生自滅、自求多福？當然不是！因此，曾老師亡羊補牢，終於想出一套制裁「霸凌」，永絕後患的好辦法來，以便照顧到所有的學生。

教師應懂得改變無法發揮效果的行為，才能善盡教師的天職。

案例三：讓學生參與規則的制訂

故事中的林老師，把校方「幫助同學、檢舉不法」的獎勵辦法公布出來，讓同學們討論實施辦法，而一般學校，最有可能的是讓學生參與訂定班規。當然也有些老師，讓學生自訂班規，但難度較高，一不小心就會有後遺症。除非班級經營已有成效，與學生默契十足，否則寧可由

導師主導，以免生亂子。

＊ ＊

　　臺中市某國中有個誇張的例子。有位邱姓女老師，很尊重同學，放任班上自訂班規，不料大權旁落到該班的惡霸（王姓風紀股長）身上，整堂班會任由風紀股長主導，他所提的班規，同學都敢怒不敢言，讓導師誤以為全班無異議通過，例如：

　　班規一：上學遲到，每次罰交三十元作班費，或罰「阿魯巴」，由風紀股長執行。

　　班規二：凡是老師不在的場合，都由風紀股長來維持秩序，代替老師處罰那些不守規矩的同學。

　　有一天清晨，早自習的時間，督學來訪，校長陪著督學視察各班，行經該班，導師不在班上，只見王姓學生威風凜凜的坐在導師位子上，而教室後面卻有一個被罰半蹲的小個子同學，滿頭大汗，雙腳發抖，滿臉痛苦的表情。

　　校長臉都綠了，連忙制止，要那名被罰同學回到坐位。適逢導師匆匆趕到，校長當場說：「怎麼可以任由學生來處罰學生？」事後調查結果，原來是小個子同學沒有交保護費，惡霸藉機公報私仇整他，而邱老師居然只對該名惡霸訓誡了事。

　　直到後來有家長連續來告：有的孩子遲到被罰款三十元，早餐錢沒了，錢還被惡霸私吞；有的孩子被迫繳交保護費，中午餓肚子；有的是被「阿魯巴」，下體受傷，緊急送醫。

　　邱老師這才驚覺不妙，連忙記了該名惡霸一支大過，撤了他風紀股長的頭銜，並將班規廢止，重新檢討，另立班規。

＊ ＊

　　我在臺北市明倫高中擔任導師期間，也喜歡在開學第一天，將班規一一提出，全班共同討論，其作用除了集思廣益外，也有尊重學生的意思，並且讓學生有參與感，還有就是實施時，會減少很多阻力。

　　例如：有一條班規：「每天遲到多久，放學後就必須留校勞動服務多久」，提出時全班無異議通過。但實施後不久，有一天，小安氣沖沖地來抗議，說這條班規害他每晚趕不及去補習。

　　我說：「很抱歉！我愛莫能助，這條班規是大家共同討論通過的，當初你也同意，不能你說廢止就廢止。」他無話可說。

　　我又安慰他：「好在我們有個但書『班規實施後，若有異議，每個月得提出重新討論』，目前你所亟需要做的是『改變你的作息，讓自己不要再遲到了』。你需要老師每天早上打電話給你『摩尼叩』嗎？」他搖搖頭。

　　漸漸地，他的遲到次數變少了，而這條班規也始終沒有廢除。

　　所以讓學生參與訂定班規還有一項好處，那就是讓學生對所發生的事負起責任，並鼓勵學生自我約束。

 ## 挑戰性問題

1. 您是否同意本節「校園故事」中教師之各項作法？是否有其他補充或不同意見？
2. 針對上述三個案例，您有何心得？或有其他相關的案例可提出來分享？
3. 您是否同意班級經營應以學生為中心，以及強調民主氣氛？如何做到？
4. 您認為以不同方式對待不同的學生，卻還能夠維持公平原則，做得到嗎？
5. 如何讓班級常規產生意義，又讓學生有效遵守？
6. 「處分」（consequence）和「懲罰」（punishment）有什麼不同？對行為矯正的效果各有何不同？

7. 您認為「社會契約」適合在教室內使用嗎？如何做才可以避免其缺點？

8. 為落實本節「尊嚴管理模式」的各項主要原則，應有的基本理念和配套措施為何（例如：a.教學目標，b.教學內容，c.教學方式，d.教學活動，e.學習型態，f.補充教材，g.教具媒體，h.教學評量，i.學生輔導，j.師生關係，k.親師關係，l.班規建立，m.班級組織運用，n.班級氣氛經營，o.教室環境營造，p.校園危機處理等方面）？試擇其一二項論述之。

教師妙錦囊

妙錦囊一：重視責任感的培養，甚於學業

教育的主要目的在培養做人做事的能力，尤其是培養孩子的責任感。一個學業成績優異的孩子，將來不見得對國家社會有貢獻；但有責任感的孩子，長大成人之後，必定能為國家社會發揮正向的影響力，成為棟樑之才。因此，教師應努力培養孩子的責任感。

妙錦囊二：發覺無效時，願意求新求變

所謂「行有不得，反求諸己」，當教師的一些教育措施遇到挫折，或不受到學生歡迎時，應檢討反省，力求改進，而非故步自封，或怨天尤人，或心灰意冷，一蹶不振。須知挫敗正是進步的契機，唯有求新求變，將來一定大有可為。

妙錦囊三：避免威權態度，鼓勵孩子自主

教師威權式的管教，容易使學生生出抗拒心，不是陽奉陰違，就是敬而遠之，更糟的是當眾挑釁，或者損毀公物來洩恨，實在不是好辦法。還不如以榮譽心及責任感，鼓勵其自主負責，讓其自我約束，來得有效，而且沒有後遺症。

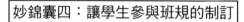

妙錦囊四：讓學生參與班規的制訂

　　讓學生參加班規的制訂，所謂「三個臭皮匠，勝過諸葛亮」，也許學生們有些不錯的想法。再說，學生在成長的過程中，必須給他們一些自主負責的機會，他們才能學會成長。就因為班規是自己參與訂定，無論訂得是否合理，學生都得自我負責，無從埋怨。

妙錦囊五：追求公平正義，避免相互霸凌

　　孩子在求學過程中，有「免於恐懼」的權利，教師應努力維護學生有這樣的權利，一遇有「以強凌弱」或「以大欺小」的行為時，教師應嚴加制止或厲聲譴責，這是教師的天職，也才符合社會公平正義；反之，若任由「霸凌」肆虐，教師將有愧於教育良心！

第三節　當頭棒喝，以正視聽

～糾正學生錯誤觀念，不但要他知錯，還要他能改過

雷德、華頓伯格（F. Redl & W. W. Wattenberg）【團體動力模式】：
讓學生認知，懲罰是針對其不良行為的「自然而可以理解的結果」

 校園故事

　　有一次，我任教於臺北市某公立高中，擔任高一某班導師。班上有一位楊同學，口齒便給，很有領導能力，是未來班長的好人選。不料有一天，他偷了英文老師的小考試卷整本解答，還影印給全班一大半的同學，使得那些同學的考試成績特別亮麗。英文老師接獲密報後，及時抽換試卷，並將楊生記了一支大過。做出這種事情，我相信家教良好的他應該覺得很丟臉才對，但事實不然。

　　有一次班會，他被選為主席，居然大放厥詞：「關於這次英文試卷的事，各位請放心，我楊某人一肩扛下，絕不會連累各位！還有，我知道有人告密，是誰害我被記一支大過，我心裡有數，如果我公布出來，保證他無法在班上立足！⋯⋯」那種顛倒是非、以「英雄」自居，得意洋洋、一副「寬大為懷」的樣子，令人不由得心頭火起，我深深吸了一口氣，極力壓抑住怒火，等他講完。

　　等到「導師講評」時，我已經冷靜下來了。我平靜地告訴全班：

　　「我本來很欣賞楊同學，他熱心公益，做事能力很強，人緣又好，很有領導才能。不過這次老師真的很失望，他做錯事不思反省，居然顛倒黑白，怪罪他人。我想請問大家：『偷英

文老師的試卷去影印，算不算偷竊？用不誠實的手段取得高分，是不是作弊？』如果老師今天沒有糾正你，你將來長大到公司上班，照樣營私舞弊，一旦東窗事發，你的前途會不會完蛋？還有，有人檢舉不法，不應該嗎？譬如有小偷侵入你家住宅，熱心的鄰居發現了，連忙報警，但警察抓到小偷之後，小偷竟大言不慚地說：『我知道是誰報警，如果我講出來，保證他無法在這裡立足！』這樣像話嗎？有沒有天理？」

只見楊同學的臉色一陣青一陣白。

✽ ✽

我有點不忍心，繼續說：「今天楊同學雖然做錯了，但老師有信心，相信他一定會改過的！他有許多優點及才華，只要能改過，將來還是一位不可多得的領袖人才！」

下課後，楊生來道歉，我安慰他，並告訴他：「只要誠心改過，將來一定可以幫他銷過。」

等到他畢業後，我接到他的一封信：

「……感謝老師的包容，當年我犯了那麼大的過錯，老師不但糾正我錯誤的觀念，而且事後也沒有歧視我，仍然一如往常地愛護我。一學期之後，還主動地提醒我記得去申請改過銷過。最感謝的是二年級分班時，同學們彼此都不太認識，當時老師擔任本班的國文老師，居然推舉我當班長。當了班長，使我更懂得自重自愛，想不到一當就是兩年，憑著擔任班長的經歷，我今天才能順利推甄上理想大學，老師您真是我生命中的貴人……」

　　以上的處理方式，謹供參考。我堅持的是：學生犯錯，決不能姑息，更不可因對方在班上擁有好人緣或惡勢力而妥協了事，而是要想盡辦法教育他、感化他，不但要讓他知錯，而且要他能改過。否則遺害無窮，將有愧於教師職守。

 ## 班級經營理論

雷德、華頓伯格（F. Redl & W. W. Wattenberg）【團體動力模式】

　　雷德（1902-1988）曾在韋恩州立大學擔任行為科學方面的治療師、研究員與教授，也曾出任紐約州立大學犯罪防治學系的諮詢顧問，輔導處理犯罪少年的偏差行為。華頓伯格（1911-　）的專長是教育心理學，曾任教於西北大學、韋恩州立大學。他們是最早將維持教室秩序的技術提供給老師的學者，兩人合作出書的有：《教學的心理衛生》（*Mental Hygiene in Teaching*, 1959）、《內部控制》（*Controls from Within*, 1952）等；他們對班級經營的看法主要如下。

1. 團體動力

　　(1)一個人在團體中所表現的行為，可能和獨處時不同；團體的心理動力會影響個人行為；教師要能察覺到團體行為的特徵。

　　(2)團體的心理動力有些會造成班級上的困擾，例如：不良行為的蔓延作用、將罪過加諸於無辜者身上、抱怨老師偏心、新同學備受考驗、班級瓦解等，教師應防患於未然，謹慎處理。

2. 影響技術

　　(1)支持自我控制：例如：運用傳達訊息、就近掌控、表現幽默、視而不見等，幫助學生自我控制。

　　(2)提供情境的支持：例如：協助學生跨越障礙、彈性調整進度、安排固定進度、隔離等，協助學生回復正常、趕上常軌。

(3)訴諸「痛一快原則」：痛，是不愉快的結果；快，是愉快的結果。讓學生認知，懲罰是針對其不良行為的「自然而可以理解的結果」。

（參考自金樹人編譯，2012：31-58；張民杰，2011：312-315）

 ## 案例參考

案例一：防範不良行為的蔓延

　　故事中類似的情節偶爾會在校園裡上演。少數不適任的教師，為了要息事寧人，只好與強勢學生妥協，不惜犧牲弱勢學生的權益，坐視不良行為在校園蔓延，實在有愧於道德良心。

　　故事中的楊同學，犯了錯不但不思悔改，居然顛倒黑白，怪罪他人，還得意洋洋、以「英雄」自居。身為導師，若不加以導正，任令「營私舞弊、以眾凌寡、強者為王」，這股歪風一旦橫行，不但易使同學們積非成是、以惡為善，遺害一生，而且導師也將威信全失，難以服眾，班級的凝聚力分崩離析，紀律蕩然無存，整個班級將淪入悲慘的命運！

❋ ❋

　　臺南市某國中，有位李老師，擔任國二某後段班的導師，班上有多位「大哥級」人物。李老師除了自嘆倒楣外，始終抱著「多一事不如少一事」的心態，凡事裝聾作啞、得過且過。

　　有一次，有學生當著她面前罵三字經，她居然充耳不聞、不敢責備。漸漸地，她這種「駝鳥心態」被「看破手腳」（台語），從此全班在她面前肆無忌憚地「出口成髒」；更有甚者，在她面前大打出手，而她居然只叫他們自行和解了事。

可想而知，從此她班上「弱肉強食」的戲碼會變本加厲地不斷演出，恐嚇、勒索、逃學、偷竊、賭博、打架鬧事、上課搗蛋……等，樣樣都來，成為全校公認的問題班級。她大概也帶得很痛苦，一年後就自請調校。

繼任導師郭老師，為了重新整頓，每天不斷地找問題學生懇談，經常與家長聯絡，跟全班精神喊話、鼓勵他們力爭上游，明令班規、言出必行、公正無私、賞罰分明……，費盡九牛二虎之力，才贏得同學們的信任，又經過大半年的努力，這個問題班級才漸漸地上了軌道。

可見防患於未然的重要性，明智的教師應懂得防範不良行為的蔓延，以免誤人子弟。

✽ ✽

有一次，我在臺北市某國中任教，班上學生常受隔壁班「大尾」欺凌。「大尾」人高馬大、粗暴兇惡，已被記滿三大過。我擔心冒然處罰他，稍一處理不好，反而會引起他的不滿，對本班同學進行更嚴厲的報復，於是決定「先禮後兵」，利用下課時間到隔壁班找他，說之以理。

對方神色木然，悶不吭聲，看不到有任何善意的回應。這時，正好遇到該班幾個「大頭」，他們是我過去認識的或教過的學生，都熱情地上前來打招呼。當我們正在聊天敘舊時，「大尾」突然很誠懇地對我說：「老師，對不起！我不知道您是我朋友的朋友，我以後不會再欺負您們班了！」原來該生最在乎的是朋友之間的交情。

教師若能放下身段，與這些人講義氣、攀交情，反而能突破他們的心防，也才能藉機感化他們。

老師要懂得防範不良行為的蔓延，不要等到學生已經遭受嚴重霸凌或傷害，再來處理，到時候就來不及了！

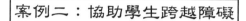

案例二：協助學生跨越障礙

　　故事中的楊同學，雖然犯了那麼大的過錯，但並非犯了一次錯，就要被「打入十八層地獄，永世不得超生」。當老師的，其實是以「曾犯過但知過能改的人，值得嘉許，仍然有資格被提名當班長」的觀念來教育楊同學，協助他跨越心理的障礙。尤其像楊同學這種當眾被老師「修理」的人，難免心裡會留下創傷，老師就更有義務協助他拋去往日陰影，迎向未來的光明人生，而非讓他從此自暴自棄，永遠向下沉淪！

❀ ❀ ❀ ❀ ❀ ❀ ❀ ❀ ❀ ❀ ❀ ❀ ❀ ❀ ❀ ❀ ❀ ❀ ❀ ❀

　　小明是臺中市某高中的高二學生，功課中等，人際關係欠佳，常成為同學們捉弄的對象。有一次見義勇為，救了車禍重傷的班長小華。由於小華需要療養，「班長」的職務出缺，同學們順理成章地就選了小明當班長。但小明卻很排斥這個職務，直覺的反應是同學捉弄他，他實在幹不來「班長」這樣的職務。

　　導師陳老師安慰他：「不見得是捉弄你，一定有不少同學是敬佩你的見義勇為而投你一票！」又鼓勵他：「這可能是你人生的轉捩點，難得有這樣的機會，你一定要好好把握！……」小明顯然聽進去了。從此以後，他每天第一個到校，主動地幫值日生打掃，上課時特別用心聽講，對於班務很熱心，對同學很友善，很顯然地想努力扮演好「班長」這個角色。

　　不料有一天，升旗典禮時，教官一時找不到總值星，就臨時將班長小明拉上臺，讓他當著全校三千多人面前喊口令。

　　只見嚇白著臉的小明，手足無措地站在司令臺上，雙腿抖個不停，隨著教官的指揮，喊出：「立正！」、「向右看齊！」、「向前

看！」、「稍息！」、「升旗典禮開始！」、「全體肅立！」、「主席就位！」、「唱國歌！」……等口令。只可惜每句口令都抖得厲害，透過麥克風傳遍整個大操場，笑得全場人仰馬翻。

小明覺得好丟臉！他沮喪得好想死掉算了！下課時，陳老師卻特別找他來，很誠懇地鼓勵他：「這是個好機會！你現在已經是谷底了，你明天再上臺，表現只有愈來愈好，不會更糟！他們今天對你的印象，一定很快地會被明天、後天、大後天……的印象所取代，只要你願意，情勢對你只有愈來愈好！」小明感動得流下眼淚，他發誓一定要好好表現給大家看！

第二天，小明在一片嘲笑聲中勇敢地上臺。然而，他的口令喊得一天比一天響亮、架勢一天比一天好。幾天後，校長居然在朝會時公開讚美小明：「這是所有班級中進步最大的總值星，也是動作最確實、口令喊得最宏亮的總值星，我們為他鼓掌！」從此小明走起路來抬頭挺胸，兩眼有神，愈來愈有總值星的架勢，也愈來愈懂得用功，功課愈來愈好。

由於陳老師的及時鼓勵，小明終於跨越心理障礙，找回自信。

案例三：痛—快原則

故事中的楊同學，犯了那麼大的錯卻不思悔改，老師為了防範同學們積非成是，只得當眾「修理」他，這種「當頭棒喝」的非常手段，當然是期望他能改過。但對楊同學而言，這是一種不愉快的經驗，老師有必要讓他了解：懲罰是針對其不良行為的「自然而可以理解的結果」，等到他改過自新，就會重新接納他、欣賞他、提拔他，帶給他愉快的經驗，這也就是所謂的「痛—快原則」。

❀❀❀❀❀❀❀❀❀❀❀❀❀❀❀❀❀❀❀❀❀❀❀❀❀

　　我曾擔任某國中三年級後段班的導師，有數學老師常來抱怨：本班學生上課吵鬧不堪。於是我在班會時間提出一個方法，讓大家討論，決議如下：每次被登記最吵鬧的前十名同學，當天放學後留下，跟老師對練「鐵臂功」，每人兩下；而每個星期在課堂上最守規矩的前十名同學，週末中午老師請他們上館子吃牛肉麵（當時星期六還要上半天課）。

　　實施以來，即使才對練兩下，每個人都痛得齜牙咧嘴的，從此上數學課沒有人敢吵鬧，安靜到連數學老師都不敢置信，一直問同學：「到底發生了什麼事？」而每週的「牛肉麵」聚餐約會，也使得學生上課更用心，師生感情更融洽，也更有班級凝聚力。

　　以上「痛—快原則」，謹供老師們參考。只要能把握住「痛」的原則，放學後留下來罰掃廁所也行。

 ## 挑戰性問題

1. 您是否同意本節「校園故事」中教師之各項作法？是否有其他補充或不同意見？

2. 針對上述三個案例，您有何心得？或有其他相關的案例可提出來分享？

3. 「團體動力模式」指出，團體的心理動力就像一股「暗流」，在班級氣氛中四處流竄，甚至和教師的作風相抗衡。請問您如何察覺到這股「暗流」？又如何妥當解決？

4. 教室裡的個人或團體行為，很容易受到教師角色的影響；請問您希望扮演哪些角色？為什麼？

5. 對於學生輕微的問題行為，教師若能善於運用「支持自我控制」的方法，無疑是有效的！請問還有哪些小技巧可運用？

6. 「團體動力模式」提出一個處理學生問題簡單的方法，那就是「種瓜得瓜、種豆得豆說」（Tell it like it is）：教師只要清楚地點出某種行

為不好，是因為有什麼不好的後果（對個人或團體）時，學生們大多會聽從，所以，當教師下達規定或命令之前，簡單地說明「原因」，是明智而有效的方法。請您舉兩個例子並操作一下。

7. 訴諸「痛—快原則」之懲罰，是其他方法都失效的最後一道防線；其主要原因是施予懲罰後，可能會有哪些後遺症？試列舉說明之。

8. 為落實本節「團體動力模式」的各項主要原則，應有的基本理念和配套措施為何（例如：a.教學目標，b.教學內容，c.教學方式，d.教學活動，e.學習型態，f.補充教材，g.教具媒體，h.教學評量，i.學生輔導，j.師生關係，k.親師關係，l.班規建立，m.班級組織運用，n.班級氣氛經營，o.教室環境營造，p.校園危機處理等方面）？試擇其一二項論述之。

 ## 教師妙錦囊

妙錦囊一：導正孩子的「是非觀」

學生有過，老師應盡可能地私下勸解，為他保留顏面。但遇有大是大非時，教師應義正詞嚴地公開予以導正，不宜兩邊討好，混淆視聽。最忌不問是非，只論權勢，否則不但自失立場，受學生輕視，午夜夢迴，也將良心不安！

妙錦囊二：扮演孩子的「關鍵貴人」

即時的一句話，可能改變孩子的一生！同學們遇到困難時，最需要的是老師關鍵性的點醒。所以，當老師的我們，除了要有豐富的生活歷練外，還要有靈活應變的思維。

妙錦囊三：防範「不良行為」的蔓延

每當新班級的開始，常有些學生會以試水溫的方式，探探老師的底

線。有經驗的教師最好一開始就「約法三章」，並嚴格執行。一遇到學生有些不良行為（如玩「阿魯巴」或男女生互相碰觸身體）時，一定要嚴令禁止，不容妥協。否則一旦蔓延開來，會衍生出許多處理不完的問題。

妙錦囊四：協助孩子「跨越障礙」

當孩子遇到挫折時，身為教師，切忌厲聲辱罵，或冷嘲熱諷、漠不關心，而應及時給予溫暖，並教育孩子將困境轉化成正向助力，把擋路石當作踏腳的階梯，鼓勵其再接再厲。協助孩子跨越心理障礙、幫助他成長，是老師的天職。

妙錦囊五：妥善運用「痛─快原則」

在孩子的成長過程中，因心智未開，易誤入歧途，有賴於父母和師長以「一手紅蘿蔔，另一手棍棒」的方式，恩威並用、賞罰分明，將之導入正途，但宜妥善運用，「紅蘿蔔」可以多給，是鼓勵孩子前進的力量；「棍棒」只能偶一為之，或備而不用，以免徒增其叛逆心，或畏縮不前。

Chapter 6

均衡城鄉教育發展

　　十二年國教的第六大目標是「均衡城鄉教育發展」，除了教育當局要將資源做妥善分配，挹注相當經費於偏遠地區教學之外；身為教師者，可以讓學生組織服務性團隊，到山區偏遠小學作服務學習的體驗活動，親身體會「城鄉差距」，並盡心教導這些缺乏「文化刺激」的學童；也可以用全班的力量，作愛心認養活動，捐贈金錢、舊書籍、舊電腦、舊衣物等，實質幫助偏遠地區的貧苦學童。

　　另一方面，十二年國教實施後，由於是免試、免費入學，可能會有更多偏遠地區的學生，以寄籍、依親等方式進入都市的社區學校，教師更應特別給予關懷及照顧。經濟困難者，或為其申請獎助學金，或給予工讀機會；學業低成就者，或請同學擔任其小老師，或義務幫其課後輔導；有不良習性、受同學排斥者，一方面規過於私室，另方面教導同學們「觀功念恩」，學習互相包容的心態，以建立一個無歧見的學習環境。

　　本章第一節「救援孤兒，恩同再造」，旨在敘述教師以無比的教育愛，改變了鄉下孤兒的一生。

　　第二節「愛心認養，感恩回饋」，內容為全班在教師領導下，一起作愛心認養活動。

　　第三節「卿本佳人，迷途知返」，內容為教師以愛心及寬容，挽救一個由鄉下北上的破碎家庭，並導正孩子的偷竊行為。

第一節　救援孤兒，恩同再造

～如果您能先確實了解這個孩子，您才有機會改變他

德瑞克斯（R. Dreikurs）【目標導向模式】：

先找出學生偏差行為的「錯誤目標」，再對症下藥

校園故事

　　某個小學有位鄭老師，新接一個一年級的班級，發現班上有個學生李維民，長得眉清目秀，卻渾身髒兮兮，上課時一副呆呆傻傻、魂不守舍的模樣，對於老師所提的任何問題都毫無反應，就像一根木頭似的。下課時，就有許多同學來告狀：「老師，李維民打我！」、「老師，李維民掀我裙子！」、「老師，李維民偷我的蠟筆！」、「老師，李維民……」

　　鄭老師把他找來，問他：「為什麼欺負同學？」

　　他一副桀驁不馴的模樣：「他們都笑我，都不跟我玩！」

　　鄭老師說：「別人不跟你玩，你就可以打人？為什麼不反省自己！為什麼要渾身弄得髒兮兮地！誰要跟你玩？去！去罰站！」這孩子真令人討厭！

　　然而，接連好幾個下課時間，她發覺李維民總是孤伶伶地一個人，站在走廊發呆，用羨慕的眼光看著操場上打球的人群。她突然覺得有點心酸：自己也是有兒有女的人，如果自己的子女也這樣被孤立，該有多痛苦！尤其當她翻開學生資料簿，發現他居然是個父母雙亡的孤兒，目前依著遠房叔叔生活，她更自責了：「身為老師，對於這樣孤苦的孩子，

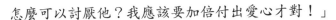

怎麼可以討厭他？我應該要加倍付出愛心才對！」

　　可是第二天，就沒有見他來上課。問同學：「今天有哪一個小朋友看到李維民？」班長小慧舉手了，她說她看到他蹲在路邊撿紙盒，好心地提醒他：「上學快遲到了！」想不到李維民居然對她破口大罵：「我才不要去上學！我討厭學校！我討厭你們！」

❀ ❀ ❀ ❀ ❀ ❀ ❀ ❀ ❀ ❀ ❀ ❀ ❀ ❀ ❀ ❀ ❀ ❀ ❀

　　接連兩天，打電話一直沒有人接，鄭老師忍不住了，她決定利用沒有課的星期三下午，去進行家庭訪問。好不容易循著地址，在小巷子盡頭，找到了一家破破爛爛的鐵皮屋，應該是違章建築吧！屋前亂七八糟地堆滿許多紙箱、壓扁的保特瓶、鐵鋁罐等……。

　　這時，屋內突然傳來小孩淒厲的哀嚎聲、大人的怒斥聲，以及霹靂啪啦的抽打聲。她連忙上前一看，突然被眼前的景象嚇住了，一個渾身赤裸的小孩，雙手被綑綁地吊在屋梁上，正被一個陌生的中年男子以皮帶用力抽打；隨著皮帶如雨點般地落在小孩的背上、臀上、大腿上，小孩不停地哀嚎及扭動著身子，她仔細一看，那不正是維民嗎？她快氣瘋了，一面衝進去，一面大叫：「住手！」

　　屋裡的兩個人同時回過頭，小孩一見她就哭喊：「老師，救命！」而那個嚼著檳榔、渾身酒味的男子則是狠狠的瞪著她，很兇惡地問她：「妳幹什麼？」

　　鄭老師事後回想起來，有些細節已經很模糊了，只記得她想幫維民鬆綁，但中年男子作勢要打她；她逃了出來，央求路人幫忙報警……。

　　原來該中年男子就是維民的堂叔，以「資源回收」為生，只要生活不順，就藉酒消愁，甚至凌虐維民出氣。因為鄰居及老師的作證，以及警方和社福人員的介入，該中年男子吃上官司，小孩被緊急安置在某育幼院，而白天仍然回到鄭老師的班級上課。

✿ ✿

由於感激老師的「救命」之恩，維民上課時乖順了許多。事後，鄭老師發覺他不是智障，而是缺乏文化刺激，他連幼兒園都沒上過，功課自然落後同學一大截；他不是天生的壞胚子，而是缺乏教養，家庭教育欠缺，沒有人教他規矩；他不是天生的憤世嫉俗，而是缺乏家庭溫暖，沒有人真正地關心他、愛過他。

那一天，在警局作完筆錄後，鄭老師就直接帶維民回家。幫他洗澡時，發覺他傷痕累累，她的眼淚一直掉個不停，心中暗暗發誓：「一定要幫助這個可憐的孩子！」

她想收留他，可是公婆體弱多病，需要靜養。在不被家人接受的情況下，她只能退而求其次，除了經常到育幼院探望、捐贈財物，並與育幼院院長和老師交換意見外，每週六、日都幫維民及育幼院的小朋友補習功課，從最基本的ㄅ、ㄆ、ㄇ、ㄈ及1、2、3、4開始教起。之後，又從家裡帶來兒女小時候的故事書，講故事給他們聽，藉著故事的啟迪，讓他們懂得待人處事的道理、整潔的重要性；又常帶他們到學校來，教他們打躲避球、桌球……等；有時還帶他們上街，幫他們買衣服、日常用品……。又特別拜託同學們要主動邀維民一起玩……。

✿ ✿

到了二年級時，在鄭老師愛心的滋潤下，維民開始脫胎換骨，彷彿變了一個人似的，不但功課保持前十名，對師長禮貌周到、對同學親切熱忱，而且變得活潑開朗、樂於助人……。

十四年後，鄭老師接到一封信：

「親愛的恩師：我是李維民，老師您還記得我嗎？今年暑假，即將大學畢業的我，準備報考研究所，我對未來充滿著信

心和希望。自從高中畢業,學生就離開了育幼院,靠著半工半讀及年年前三名的成績爭取獎學金來完成學業。其實,學生之所以有今天,完全是您的功勞!我一輩子也忘不了您的恩德!……。」

一封寄自某國立大學的一封信,讓鄭老師感動得老淚縱橫。

 ## 班級經營理論

德瑞克斯(R. Dreikurs)【目標導向模式】

德瑞克斯(1897-1972)出生在奧地利,是著名的心理醫師阿德勒(A. Adler)的得意弟子,後來到美國發展,是芝加哥阿德勒兒童輔導中心的創辦人。他首創「必然性後果」(logical consequences)的管教法,寫了《教室心理學》(*Psychology in the Classroom*)、《維持健全的教室》(*Maintaining Sanity in the Classroom*)等經典之作;其理論主要有下列幾項內容。

1. 錯誤目標(mistaken goals)

學生的不當行為,是下列四個錯誤目標所致:

(1)引人注意:以不良行為來「引人注意」。

(2)爭取權力:藉由反抗權威、說謊、發脾氣和攻擊等行為來「爭取權力」。

(3)謀求報復:藉由傷害別人,從「報復」中得到自尊。

(4)表現無能:顯現出「無能」,自暴自棄。

做為一個教師,就是要能找出學生的偏差行為所反映的「錯誤目標」為何,再確認應採取何種適當的行動,這才能對症下藥、收到成效。

2. 多鼓勵，少稱讚（encouragement vs. praise）

老師教導學生時，應多用鼓勵、少用稱讚。鼓勵著重的是「事前」、「過程」和「行為」（例如：你很努力！）；而稱讚著重的是「事後」、「結果」和「成就」（例如：妳好棒哦！）。

3. 必然性後果（logical consequences）

以必然性後果代替懲罰，老師可提出「行為—後果」的兩、三條合理途徑，但讓學生了解「不良行為」將帶來「不良後果」，然後讓學生自由選擇如何應對；除非不得已，應儘量避免用懲罰的方式。

（參考自吳明隆，2012：306-308；金樹人編譯，2012：133-162；張民杰，2011：346-349；單文經等譯，2004：118-146）

案例參考

案例一： 引人注意

故事中的李維民，因為長期得不到肯定，因此以「掀女生裙子」、「偷同學蠟筆」來「引人注意」；以「打同學」來「爭取權力」；以「破口大罵」的報復舉動得到自尊；但因得不到良好的回應，乃至於自暴自棄、不想上學。

鄭老師一開始找維民來「訓誡一番」並「罰他站」，顯然只能治標。直到後來，鄭老師積極家訪，才發現維民來自於一個暴力家庭，於是來個「釜底抽薪」，徹底拔除禍根；並深刻了解他一再出現的偏差行為，其實是內心深處渴求被愛、希望受人尊重所引發的「錯誤目標」所致，乃決心以無比的愛心，採取主動輔導的行動來轉化孩子的心態和行為。

經過鄭老師堅持地愛心教導，終於挽回了孩子的悲慘命運，改變了維民的一生。

✿ ✿

　　新北市某高職，有位蔡老師，新接一個高二的班級，就從上任導師口中知道：班上有個問題學生王小莉，不但功課不好、經常遲到曠課、作業缺交，而且也不打掃，人緣也欠佳。

　　蔡老師先找她個別談話，天啊！濃妝豔抹，不像她這年紀應有的打扮。蔡老師沒有責備她，反而讚美她化妝的技巧很好，只是建議她：「其實像妳這樣的青春少女，麗質天生，清純反而是最美的！」再技巧地勸導她要遵守校規，不要標新立異，只是效果不彰。

　　幾次個別談話下來，知道她擅於舞蹈，太棒了！終於找到她的「亮點」。蔡老師想到校慶時會有一場班際舞蹈大賽，於是請她全權負責，她欣然接受。有了目標，從此她不再遲到曠課，每天課餘帶著同學練習，人緣愈來愈好，也不再濃妝豔抹了。

　　比賽結果，她們班得到第二名，王小莉得到同學的肯定和老師的讚美，她愈來愈有自信。蔡老師趁機鼓勵她：「只要像練舞一樣用功讀書，定能更上一層樓！」她聽進去了。經蔡老師不斷地給予鼓勵打氣，王小莉開始用功，她的功課有了長足的進步，也有了榮譽感，不但打掃用心、按時交作業，也結交了許多正派的同學。後來，小莉居然考上某知名科技大學，跌破了眾人的眼鏡。

　　蔡老師發覺，小莉正在追求「引人注意」的錯誤目標時，並沒有批判她的行為，只是勸導她遵守校規。後來，當她發現到小莉的「亮點」時，就順勢引導她「以對全班有利的行為，來引起大家的注意」，終於讓小莉走上正軌。

案例二：爭取權力

臺中市有位周老師，曾帶一班國二生，有個學生小豪功課不好，脾氣暴躁，經常跟同學起衝突，對老師講話也沒有禮貌，是周老師的重點輔導對象。

有一天，小豪遲未到校，周老師照例以電話聯絡家長，但家長回答：「一早就背書包出門了！」不久，她接到了一通電話，聲音稚嫩，卻自稱是小豪媽媽：「小豪的外公生病，想請事假一個禮拜。」周老師一聽聲音不對，問她：「我剛剛才跟小豪媽媽通過電話，妳是誰？」對方一聽，立刻掛上電話。

周老師連忙再打電話給小豪媽媽，他媽媽聽了也很著急：這孩子在搞什麼花樣？連忙趕到學校，經同學提供線索，匆匆又趕往某個廟會，氣急敗壞地把小豪找了回來，原來小豪是去參加「八家將」。

第二天，小豪被爸爸押回學校，周老師問他為何要欺騙父母和師長，他說：「如果老實說，你們一定不會同意的！」仔細一問，好傢伙！原來小豪還有休學的打算。問他為什麼不上學卻去參加「八家將」？他說：「人多勢眾，很威風，在街上打人，對方都不敢還手，不像在學校，到處被人瞧不起！」這種偏差的觀念，令人聽了直搖頭。

周老師多次苦口婆心地勸他：「威風是一時的，而翹課是不對的……只有用功念書，將來找到好職業，做個有用的人，才能長久威風、受人尊敬。」並鼓勵他從今以後設定目標，力爭上游。小豪似乎有所覺悟，重拾書本，開始用功。小豪國中畢業後，考上某公立高職，如今是水電行的老闆。

周老師了解，學生會對老師不禮貌、說謊、發脾氣、與同學衝突等，

只是想「爭取權力」；知道小豪翹課跑去參加「八家將」，是為了「逞威風」，所以都沒有責罵他、譏諷他，只告訴他：威風是一時的、翹課是對自己不利的，因為念好書、找到好職業、做個有用的人，才會享有長久的「威風」、大家的尊敬。

案例三：謀求報復

　　基隆市某國中，有個國一生阿泰，除了擅於球類運動外，每科成績都敬陪末座，他深感挫折；另有一名學生小立正好相反，每一門功課都很優秀，就是體育不行，家長深以為憾。

　　有一天，阿泰無意之中聽到小立偷偷地對其他同學嘲笑他：「頭腦簡單、四肢發達。」阿泰自尊心受損，惱羞成怒之餘，當場對小立拳腳相向。小立的爸爸事後得知很生氣，打電話到學校，揚言提告。

　　導師楊老師先安撫好家長，再找阿泰到辦公室，表示了解他生氣的理由，但告知打人的嚴重性。阿泰很後悔，願意向小立道歉，並接受校規處罰。老師又找小立來，先責備他不該在背後嘲笑同學，再提醒他鍛鍊身體的重要性，並提出自己的想法，小立表示願意接受老師的好意。

　　楊老師沒有給阿泰記過處分，只是「處罰」他「當小立的教練，負責教會小立打籃球的技巧，並且每天監督他慢跑」，阿泰也欣然接受。

　　從此以後，每天下課及放學時間，都可以見到他們哥倆好的在一起慢跑、一道打籃球的身影；而小立感激之餘，也主動教阿泰功課，阿泰的學業成績也愈來愈進步了。雙方家長得知，都感謝萬分，盛讚楊老師處置得宜！

　　楊老師對於因「謀求報復」引起家長抗議的阿泰，並沒有氣極敗壞地責備他、處罰他，卻表達「了解」的心情，但指出打人的嚴重性。建

議他「將功贖罪」，用自己的專長來謀求對方接納與在班上的地位，創造了「雙贏」的局面。

案例四：表現無能

高雄市某國中，有位洪老師，有一天正要下班回家，班上學生阿建卻神情沮喪地來找他訴苦，自覺什麼都不會、沒有朋友、到處受人討厭，很想一死了之。

洪老師鼓勵他：「什麼都不會，可以學啊！受人討厭，可以找出原因，改了就好了嘛！其實我看你蠻酷的，很有自己的主張。」再問之下，原來今天是小麗生日，許多同學都有送禮，小麗都欣然收下，可是對阿建送的禮物，小麗卻以嫌惡的表情要他：「拿走開一點！」讓阿建很受傷。

洪老師提醒他，曾「把狗屎當禮物送給同學」的往事，他尷尬地說：「那是開玩笑。」洪老師正色地告訴他：「你終於嘗到苦果了吧！」又誠懇地勸戒他：過去他那種「喜歡整人」、「衛生習慣不好」、「說話噁心」、「學習態度不佳」等，都是不受歡迎的原因；反之，班上同學慶明之所以受歡迎，那是因為他有以下幾種好行為：「喜歡幫助同學，為人熱心誠懇，儀容整潔，言行態度彬彬有禮，努力用功。」要採取何種行為，自己可以做選擇。阿建聽了頻頻點頭。

不久，阿建因家庭因素要轉學，洪老師鼓勵他：「正好可以重新開始！」兩個月後，阿建打電話來：「感謝老師的一番話，在新學校適應得還不錯，雖然功課方面仍然不夠好，但已經交到不少好朋友！」

洪老師知道阿建有「表現無能」的想法後，並沒有放棄或用負面的話語回應他。反而指出他其實有優點，但提示他「行為—後果」的必然

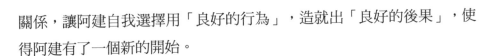

關係，讓阿建自我選擇用「良好的行為」，造就出「良好的後果」，使得阿建有了一個新的開始。

 ## 挑戰性問題

1. 您是否同意本節「校園故事」中教師之各項作法？是否有其他補充或不同意見？

2. 針對上述四個案例，您有何心得？或有其他相關的案例可提出來分享？

3. 什麼是「讚美」？什麼是「鼓勵」？試依照「目標導向模式」的觀點舉例說明之，並說明只用「讚美」可能造成的偏差。

4. 什麼是「必然性後果」？請就德瑞克斯的看法舉例說明之。您認為教師運用「必然性後果」管教法的優缺點如何？您認為運用「必然性後果」管教法可以取代處罰嗎？

5. 您確實可以區分學生不當行為的「四個錯誤目標」嗎？各有何引導、解決的方法？

6. 如果您班上有個「大條」的學生，他犯錯了您會如何處理？您如何引導他、善用他？

7. 您認為如何「有效地了解學生」？才能有機會輔導有困難的學生或弱勢的同學？可透過哪些社會資源與途徑？

8. 為落實本節「目標導向模式」的各項主要原則，應有的基本理念和配套措施為何（例如：a.教學目標，b.教學內容，c.教學方式，d.教學活動，e.學習型態，f.補充教材，g.教具媒體，h.教學評量，i.學生輔導，j.師生關係，k.親師關係，l.班規建立，m.班級組織運用，n.班級氣氛經營，o.教室環境營造，p.校園危機處理等方面）？試擇其一二項論述之。

教師妙錦囊

妙錦囊一：孩子有偏差行為，是「求救的信號」

身為教師，對孩子許多的不良行為，往往會痛恨嫌惡、情緒失控。此時若能及時轉念：「這正是他的求救信號！」不但不討厭他，並且適時給予關心和鼓勵，拉他一把，往往能扭轉乾坤，創造奇蹟。

妙錦囊二：幫他找出其他「亮點」，孩子就比較容易改過偏差的行為

自暴自棄的孩子，只能隨波浮沉，難有改過的動力。教師若能找出孩子的亮點，給予舞台，使其發光發熱，獲得信心，就能鼓舞其有意願改善自己的缺點。

妙錦囊三：積極導正歧途，搶救他一輩子的人生

每個孩子在其成長過程中，難免有觀念偏差、誤入歧途的時候，必須仰賴父母和師長以經驗及智慧將其導入正途，避免一失足成千古恨，空留遺憾。

妙錦囊四：對立的價值是互補，老師要教導孩子們事事尋求「共贏」

每一個學生都有其長處及短處，當老師的應兼容並蓄，教導孩子欣賞及學習他人的優點，並運用智慧，化解爭端，使全班水乳交融、共存共榮。不宜遇事偏頗，以免孩子相互仇視對立，全班分崩離析。

妙錦囊五：種瓜得瓜，教師要讓學生了解「必然性的後果」

身為教師，與其專制地禁止學生做某種行為，不如冷靜而理性地告訴學生，種什麼因將得什麼果，使其知所抉擇，心甘情願地去做，就不會陽奉陰違，也不會一直困在低落的情緒中不能自拔。

第二節　愛心認養、感恩回饋

～從實踐中，讓孩子體悟出「為善最樂」的真諦

肯特夫婦（L. Canter & M. Canter）【果斷紀律模式】：
教師應把焦點放在學生的正向行為上，並即時獎賞、增強

 校園故事

這是一間座落於臺北市的某國中。又是鳳凰花開的季節，也是周莉莉老師服務滿三十年榮退的日子，全校師生特別為她舉辦盛大的歡送會。

校長表揚她：「……周老師是本校最有愛心的一位老師，也是第一位帶動本校『愛心認養』活動的老師，她廣種福田、造福無數貧困的學生……」並介紹與會的二十幾位歷屆畢業校友代表及受周老師認養過的幾位青少年代表。

有位校友代表發言：「感謝周老師！您讓我們從實踐中真正體認人生，珍惜生命，並體悟出為善最樂的真諦……」

校長又特別介紹其中一位嘉賓葉如意小姐，只見一位妙齡女子謙恭有禮地從人叢中站了出來，她那秀麗端莊的模樣，頓時成了全場焦點。

「葉小姐現在也是臺中市某國中的老師了，她是本校已故周麗麗老師的女兒，也是我們今天歡送會主角周莉莉老師的乾女兒。葉老師請到前面來，為我們講幾句話好嗎？」。

葉如意獻完花後，很激動地說：「乾媽，還有大哥哥、大姊姊們，真的很謝謝你們，你們都是我的大恩人，也都是影響我一生的貴人！當年如果沒有你們，我真不敢想像我將會有什麼悲慘的命運？」在一片如

雷的掌聲中，如意流下感激的淚水，擁抱周老師後，並一一擁抱幾位校友，場面感人。

✿✿✿✿✿✿✿✿✿✿✿✿✿✿✿✿✿✿✿✿✿✿✿✿

　　二十年前的一個星期三下午，周老師留在辦公室備課，突然聽到一陣急促的電話鈴聲。她拿起話筒，傳來一個怯生生的聲音：「請幫我找周麗麗老師好嗎？」一個女孩的聲音，稚嫩而淒涼，又充滿著渴望。

　　「我是周莉莉，妳是哪位？」為了怕驚嚇到那端的孩子，周老師用很溫柔的聲音。

　　電話的那一邊「哇」的一聲，女孩放聲痛哭起來：「你是媽媽嗎？媽媽趕快回來，爸爸死了！」這下嚇得周老師心膽俱裂，不由得大叫起來：「怎麼回事？妳是珊珊嗎？珊珊，快告訴媽媽，妳現在在哪裡？」

　　電話裡又傳來哭泣聲：「媽媽，我是如意，妳已經忘記我了嗎？媽媽，妳趕快回來！」

　　周老師揪著的一顆心終於放了下來。不是珊珊，那就不是我的孩子，但孩子哀哀的哭泣聲，卻使她感染到那種悲傷無助的情緒。這孩子到底是誰？這時回過神的她以最溫柔的聲音對著電話說：「好孩子，妳旁邊有大人嗎？請把電話給他！」

　　這時電話裡傳來老婦人有氣無力的聲音：「媳婦，妳趕快回來吧！過去是慶祥的不是，他現在已經過世了，可憐如意這孩子，很想念媽媽，妳趕快來，把孩子帶走吧！」搞了半天，終於弄懂了，她是已故周麗麗老師的女兒。

　　也許是緣份吧！想當年一進到這個學校，就跟周麗麗老師一見如故，偏偏姓名發音都相同，在稱謂上造成混淆，久而久之，同事們便紛紛以「大周」、「小周」來稱呼，以資區別。不料兩人的境遇竟然相差十萬八千里，「大周」周麗麗老師紅顏薄命，丈夫慶祥結交損友，以應酬為

藉口，經常徹夜不歸，棄家於不顧。在幾次爭執中，大周最後選擇以「離異」收場，連孩子都沒能留在身邊。從此鬱鬱寡歡，幾年之後，就罹癌過世。

然而，因幾年的不通音信，她的前婆家並不知情。後來慶祥經商失敗，搬離臺北，回到故鄉，也始終不得志，直到酒駕車禍過世，老阿嬤斷了經濟來源，貧無所依，才想把寶貝孫女送回媽媽身邊，不料人事已非。「小周」周莉莉老師心如刀割，可憐如意這孩子，到底要不要狠心地告訴她「媽媽早已過世」的消息？

❀ ❀

周老師當機立斷，立即向學校請假，匆匆搭火車南下，再搭計程車到臺中市一個偏僻的村落。她看到的是一間破落的竹籬茅舍、一位老態龍鍾的老婦人，和一位清秀稚氣、臉色蒼白、衣衫襤褸的小女孩，就讀小學二年級，和自己女兒一樣大小。好好的一個家，卻搞得如今只剩祖孫兩人相依為命，又家徒四壁，怎麼一個「慘」字了得！

周老師緊緊擁抱著她，眼淚不聽使喚地一直流了下來：「好孩子，我是周阿姨，妳媽媽去美國留學，要很久才能回來。妳有任何事情，都可以找周阿姨！」

第二天，周老師回到學校，紅著眼眶告訴同學們這個悽慘的故事，同學們都非常動容，最後大家一致決議：「以全班的力量，大家一起來認養這對可憐的祖孫！」

於是決議，全班每個人每週繳交一百元仁愛基金；每天晚上七點都會有學生打關懷電話給如意；每週六會有一位同學在家長的陪同下搭車南下，指導如意做功課、陪她打球、下棋、玩遊戲……。之後，每個星期一的班會都會有同學上臺報告如意的近況：「如意需要課外讀物，請同學們樂捐……」、「如意沒有什麼衣服，請大家……」、「我爸爸送

了一大袋米過去⋯⋯」、「我教如意跳繩喔」、「我送了如意一把口琴⋯⋯」、「我教如意唱我們的班歌⋯⋯」、「村長很感謝我們同學，說大老遠跑去幫助他的村民，是俠義的行為⋯⋯」。

對於這些實踐愛心不落人後的同學，每次在他們上臺報告後，周老師不但帶領全班同學給予熱烈的掌聲，還親自上前擁抱，給予「好心必有好報」的祝福，以及期末記功的獎勵。此外，又親筆寫了一封感謝函給家長，感謝他們出錢出力、鼎力相助。

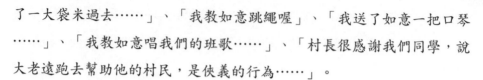

值得一提的是，班上有一學生小偉，個性衝動，有一次在校外因細故與人鬥毆，按校規應記大過處分，小偉懊悔不已，再三向老師求情，情願加倍實施「愛心認養」活動。經周老師與訓導處交涉結果，如其所請，但有一但書：「下次再犯，加倍懲處。」小偉果然再次南下，剛好遇到如意感冒發高燒，她的奶奶急得不知如何是好。幸賴小偉父子緊急將她送醫，並陪伴兩天，直到如意脫離險境為止。小偉圓滿完成任務後，校方依約免其大過，後來果然不再犯錯。

這一班學生國中畢業後，周老師本意是請他們交棒，不料同學們戀戀不捨，最後全班表決通過，繼續執行「認養」這個有意義的活動，直到如意大學畢業為止。周老師除了定期南下探望如意之外，她的新班級也繼續「認養清貧學童」這樣的活動。

最後，如意說：

> 「感謝乾媽及各位哥哥、姊姊的大力幫忙，如意才有今天，如今乾媽功成身退，該由我接棒了。其實，為了感念乾媽及哥哥、姊姊們的大恩大德，在兩年前，我也已經帶著我的班級開始『愛心認養』這個神聖任務了，請乾媽放心。並祝福乾媽退休愉快！」

班級經營理論

肯特夫婦（L. Canter & M. Canter）【果斷紀律模式】

肯特（1947- ）是個教育工作者暨臨床社會工作者，他和他的太太——特殊教育專家，共同發展了「果斷紀律」系統，並成立了一家著名的 L. Canter & Associates 公司，提供教室常規管理的諮詢和教育訓練。著有《果斷紀律》（*Assertive Discipline*, 2001）、《果斷紀律的正向行為》（*Assertive Discipline Positive Behavior*）等書。其主張的班級經營之觀點主要如下。

1. 教師在教室內基本的權力
   (1)建立合宜的學習環境。
   (2)要求學生表現適當的行為。
   (3)必要時，可尋求學校及家長的協助。

2. 果斷紀律模式的步驟
   (1)建立明確的行為規範和期望，並確保每位學生都了解規範。
   (2)教師應把焦點放在學生的正向行為上，並即時獎賞、增強。
   (3)執行違反規範的後果，但不傷害學生的身心。
   (4)尋求校長、教育行政人員和家長的支持，爭取更大的效果。

3. 積極、果斷的制度
   對於嚴重的違規問題有一套處理方式，例如：果斷的面質、加重處罰、行為契約、通知家長、使用錄音機、邀請家長來班上、使用紀律卡、在校隔離、常規小組等。

（參考自吳明隆，2012：321-324；邱連煌，1997：1-17；金樹人編譯，2012：189-219；張民杰，2011：383-386；郭明德，2001：63-67；單文經等譯，2004：87-115）

案例參考

例一：尋求學校及家長的支持

　　故事中的周莉莉老師，本身是一位很有愛心的老師，平常就以真誠的心傳達給學生溫馨的感覺，早已營造出讓學生學會負責與充滿鼓勵的環境，因此很容易啟動孩子的善心，不必強迫，學生就會自動選擇行善，把「愛心認養」當成自己的責任。

　　但因學生都尚未成年，而且沒有經濟能力，因此「每週繳交一百元仁愛基金」以及「每週六有同學在家長的陪同下，搭車到臺中照顧如意」，都必須取得家長的認同及協助；又如小偉犯過，周老師與訓導處一方扮白臉、一方扮黑臉，此有助於孩子的改過遷善。

　　總之，身為導師，很多方面需要尋求學校及家長的協助。因此，導師應儘量與家長及學校行政人員發展良好的人際關係。

❋❋❋❋❋❋❋❋❋❋❋❋❋❋❋❋❋❋❋❋❋❋❋❋❋❋

　　新北市某高中，有一位高二女生小玲，因男友移情別戀，幾度想不開，常有尋死念頭。

　　導師張老師除了經常找她個別談話、溫言加以慰藉外，並請家長盡可能陪她；又請輔導室介入輔導，再鼓勵同學們「給予友情的滋潤」。

　　於是大家自動任務編組：每當課餘時間，就會有人陪她聊天，有人跟她討論功課，有人找她打球，有同學發伊媚兒安慰她，有同學上聊天室鼓勵她，有人在例假日邀她登山郊遊，也有人邀她週末一起到育幼院當義工……。

　　在學校行政人員、家長、老師、同學們的群策群力之下，傳達給小玲滿滿溫馨的感覺，時時撫慰她那顆受傷的心靈，不出三個月的時間，

小玲終於走出陰霾、恢復正常。

而同學們也很有成就感，因張老師平常就鼓勵他們要「努力行善，儲存福氣」，他們從實踐中真正體會到「為善最樂」的真諦。

學生有難，鼓勵同學們互相幫忙，藉機培養「革命情感」，確是美事一椿！但必要時，還得尋求學校及家長的協助才好！

案例二：把焦點放在學生的正向行為上

故事中對於這些實踐「愛心不落人後」的同學，每次在他們上臺報告後，周老師不但帶領全班同學給予熱烈的掌聲，還親自上前擁抱，給予「好心必有好報」的祝福，以及期末記功的獎勵。

此外，又親筆寫了一封感謝函給家長，感謝他們出錢出力，鼎力相助。也就是說，周老師懂得把焦點放在學生的正向行為上，並即時獎賞、增強，學生當然更願意配合！

✿ ✿ ✿ ✿ ✿ ✿ ✿ ✿ ✿ ✿ ✿ ✿ ✿ ✿ ✿ ✿ ✿ ✿ ✿ ✿

我曾在臺北市一所公立高中任教，擔當高二班導師時，很努力盡責：早上七點前到校，陪他們打掃、陪他們早自習；備課用心、講課精彩、資料充分，還有許多小故事、小笑話；陪他們午休、陪他們下午打掃；他們的週記，也很用心批閱，往往用紅筆寫的評語比他們寫的內容還多；他們生病了，我會到健康中心或醫院探視；他們的各種球賽、詩歌朗誦比賽，我都全程參與；他們整個學期的整潔、秩序比賽，也總是冠軍。

但我得不到他們的心。每次在辦公室，除非要請假，沒有學生會來找我。每次看見別班導師，一到下課時間，總有一群群的學生來找老師聊天，甚至上課鐘響還賴著不走，讓我只有羨慕的份！

最慘的是，帶他們去校外教學時，沒有學生願意跟我坐在一起，沒

有學生跟我走在一起，沒有學生邀我照相，沒有學生主動找我聊天。

這件事讓我自我反省了很久：為什麼我就是那麼沒有人緣？為什麼學生都對我敬而遠之？漸漸地，學生會在週記上的反映：「老師為什麼總是對我們大呼小叫？」、「老師都不尊重我們！」

後來，我從隔壁班林老師的帶班方式獲得啟示。林老師經常以喜悅的心情，讚美班上同學如何懂事、上進、體貼。說也奇怪，得到老師大力賞識的同學們，果然發揮「比馬龍效應」，一個個表現得更加懂事、體貼，努力進取。

這使我恍然大悟。我帶班嚴格，經常在班上大聲喝斥學生的不是，卻從來不曾讚美或獎勵過他們，我是不是要做某些改變？

這期間我也勤研有關書籍，並積極參加各種研習，習得一些改善師生關係的有效方法，例如：福智基金會教師成長營「觀功念恩」的觀念……。

從此，我不但不再大聲喝斥學生，也懂得把焦點放在學生的正向行為上，能欣賞學生的優點並經常在課堂上公開讚揚，或給予獎卡、獎品；若要批評學生的缺點前，也會先誇讚他的長處。

之後，師生之間的感情果然愈來愈融洽，到後來，甚至有許多學生敢跟我開玩笑，這在以前是絕無僅有的事。

而最神奇的是，所謂「言教身教」，從此以後，學生也漸漸受影響。彼此之間，由懂得感恩及讚美到主動互助，善性循環的結果，全班同學的感情更加水乳交融！

案例三：以行為契約的方式促其改過

行為契約法既是一種消極規範學生、避免再度犯錯的手段，也是一種積極鼓勵學生改過向善的方法，例如：故事中的小偉在校外與人鬥毆，

按校規應記大過,但小偉拜託老師,情願加倍實施「愛心認養」活動,以取代記大過的處分。訓導處後來如其所請,但有一但書:「下次再犯,加倍懲處。」等小偉圓滿完成任務之後,校方依約免其大過。這就是一種簡化型的行為契約法。

✽ ✽

我曾任教於臺北市某國中二年級某班,班上有兩名流氓學生,經常狼狽為奸,恐嚇勒索、欺壓同學,無所不為。雖都已被記滿三大過,因而不能畢業,仍不知收斂。這樣的學生,自然不能博得我的好感。每次他們犯錯,處罰他們時,都是劍拔弩張,場面緊繃,搞得班上氣氛很差,教學情緒也大受影響。

某一日,我找他們談話,問他們:「你們快樂嗎?」他們粗聲粗氣地回答:「不快樂!」我說:「我也不快樂!讓我們一起來找出讓彼此快樂的方法好嗎?」

我拿出榮譽卡,告訴他們:「只要多做好事,累積榮譽卡(每二十張換一支嘉獎)將功抵過,將來就可以順利畢業!」他們一聽,大為振奮。

從此之後,他們不再欺負同學,並且一個當風紀股長、一個當衛生股長,使得本班每週的秩序、整潔都是雙料冠軍,我也不忘每天給他們榮譽卡,給他們關愛的眼神。

他們又從「背書」、「幫忙值日生打掃」、「幫忙修理桌椅」、「主持正義」、「幫助弱勢同學不受霸凌」……中,每天獲得好幾張榮譽卡,他們也愈來愈有成就感。

後來,他們果然憑著榮譽卡改過銷過,順利畢業。最難得的是,從他們改過開始,無論是同學關係或是師生關係都變得愈來愈融洽!

挑戰性問題

1. 您是否同意本節「校園故事」中教師之各項作法？是否有其他補充或不同意見？

2. 針對上述三個案例，您有何心得？或有其他相關的案例可提出來分享？

3. 您是否會事先對班級學生的行為，設置好清楚、明確的規範？為什麼？

4. 您認為現在的學生比較會受內在動機（如自我榮譽感）或外在動機（如獎懲措施）所影響？

5. 對於學生嚴重的違規行為，您的處理方式和步驟如何？

6. 如果您棄絕一切優柔寡斷、姑息養奸的心態，而採取果斷紀律模式，您覺得會違背您的教育理念或影響師生關係嗎？有何平衡或補救辦法？

7. 如果您遇到一個上課時喧嚷吵鬧、毫無紀律的班級，已經氣走了前一位老師，您接手後應如何處置？

8. 為落實本節「果斷紀律模式」的各項主要原則，應有的基本理念和配套措施為何（例如：a.教學目標，b.教學內容，c.教學方式，d.教學活動，e.學習型態，f.補充教材，g.教具媒體，h.教學評量，i.學生輔導，j.師生關係，k.親師關係，l.班規建立，m.班級組織運用，n.班級氣氛經營，o.教室環境營造，p.校園危機處理等方面）？試擇其一二項論述之。

 教師妙錦囊

妙錦囊一：與其孤軍奮鬥，不如尋求協助

　　教師應懂得善用資源，尋求協助，例如：班上有學生在行為上、情緒上出現重大問題，很可能需要學校行政團隊的支援；或者在健康方面、經濟方面出現危機，更可能需要家長們出錢出力。而學校資源若有所不足之處，也需家長幫忙。學校與家長，是教師的兩大奧援，若能妥善利

用，將可以為許多學生造福。

妙錦囊二：多看學生優點，即時獎賞

　　身為教師，若只看到學生的缺點，動輒大聲斥責，或依校規懲處，不但自身苦惱，學生也將離心離德；若能經常欣賞學生的優點，公開給予讚美及獎勵，不但自身常懷喜悅的心，學生也將因老師的賞識而發揮「比馬龍效應」，一心向上，師生之間的感情也將更加融洽。

妙錦囊三：行為契約方式，優於其他懲處

　　行為契約是一種非報復性的處分方式，比較合乎人性。它不但是一種消極約束性、避免學生再度犯錯的手段，也是一種積極鼓勵性的、讓學生有機會改過的方法。再者，訂定契約的雙方感情愈好，愈容易有約束力！

妙錦囊四：培養良好習慣，一生受用

　　習慣是行為的基礎，老師不應該只重視考試分數的高低，更應努力培養孩子良好的習慣（例如：認真負責的好習慣、主動布施和服務社會的好習慣），讓孩子入社會後，擁有做人和做事優勢的競爭力，這將是孩子日後最大的資產。

妙錦囊五：養成感恩心態，獲益無窮

　　身為教師，只有教育學生養成感恩的心態，才能使孩子將來遇到失敗挫折時，不怨天尤人，能心平氣和地以光明心態去面對。不但社會上少了戾氣，且當事人更容易從而化阻力為助力，破繭而出，扭轉劣勢，邁向光明的前途！

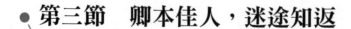

第三節　卿本佳人，迷途知返

~以愛心感化，讓孩子主動改正自己的偏差行為

葛登（T. Gordon）【教師效能訓練模式】：
運用「我—訊息」法，可讓學生主動配合改正偏差的行為

校園故事

中秋節前幾天，林老師從快遞手中接到一箱麻豆文旦，又是乾女兒小婷寄來的中秋賀禮，她感到很欣慰，這些年來，這孩子始終沒有忘記她。

＊＊＊＊＊＊＊＊＊＊＊＊＊＊＊＊＊＊＊＊＊＊＊＊

二十年前，林老師剛接任國二某班導師後不久，班上就接連發生了兩次竊案，讓她感到很困擾。有同學來向她報告，說轉學生小婷很可疑，因為兩次事發的當時，都有人見到她在現場逗留。

她只知道小婷本學期才從南部鄉下轉來，功課欠佳、屢屢遲到，而且經常在上課時打瞌睡，告誡了幾次，依然故我。幾次想進行家庭訪問，但都一直聯絡不到家長，問小婷，才知道她是單親家庭，而爸爸卻經常不在家。依林老師多年的教學經驗，這種家庭破碎、學習成就低的孩子，最容易誤入歧途。

林老師找來小婷，旁敲側擊了一番，她一直表示「不知情」，但目光閃爍，確有可疑之處。林老師不敢造次，深知在沒有任何證據之下，寧可錯放，也不宜輕率地誣指對方是小偷，以免在學生的心靈上造成無

可彌補的傷害。

　　學生離開後，她坐在辦公室，苦思對策。同事黃老師見狀，講了一個輔導成功的案例供她參考：

　　　　有一年，黃老師在某校時，該校中午可讓學生回家吃午餐，此時她們班發生了竊案。那一天，她的班第四節是體育課，學生打籃球之前都會把書包和衣服放在籃球架底下，結果有多位同學失竊。班長建議全班留下搜身，黃老師考慮的結果，下了一個痛苦的決定：「全班立刻解散回家！」。

　　　　直到下午上課時，她才告訴全班同學：「實在很不忍心，讓一個一時做錯事的孩子，在眾目睽睽之下人贓俱獲，無顏見人。希望這位同學能體悟老師的苦心，不要一錯再錯！」果然，從此以後，班上就不再有竊案發生。而且，那位受不了良心譴責的同學，事後也去找老師懺悔。

＊＊＊＊＊＊＊＊＊＊＊＊＊＊＊＊＊＊＊＊＊＊＊＊

　　黃老師的故事，給林老師很大的啟示。

　　於是那天下午，上課之前，林老師板書：「卿本佳人，奈何作賊」幾個字後，沉痛而誠懇地呼籲：

　　　　「最近班上發生了兩次竊案，而且從種種跡象顯示，證明是本班同學所為，我的心真的好痛！這說明我的教育是失敗的！我愧對班上同學。當然，為了抓到小偷，老師可以對所懷疑的對象嚴詞逼供，也可以搜身、搜書包，甚至是報警處理。但我很不忍心這樣做，那太傷人了。尤其萬一是人贓俱獲時，這位一時做錯事的同學，要怎麼去面對全班同學？如果報警的話更

慘，他將一輩子都是登記有案的小偷。在這裡，老師要鄭重地拜託這位同學：趕緊懸崖勒馬，就算是有什麼苦衷，都可以找老師幫忙，但請不要再做出這種自毀前途的事，好嗎？同學們若有任何需要，都可以打電話給老師……」

她一邊說話，一邊看了小婷一眼，發現小婷一直低著頭，林老師不由得暗自嘆了口氣，還是把電話號碼寫在黑板上。

果然，當天晚上就接到小婷的電話，泣不成聲地說：「老師，對不起！錢是我偷的，但我實在是活不下去了！……」。

原來，她母親因病早逝，父親近年來失業，再加上嗜賭，家裡經常有一頓沒一頓的，小婷從小就習於「姊代母職」，負責照顧就讀小學的弟弟妹妹之生活起居。後來她父親要到外地找事做，只好帶他們北上，把姊弟三人託付給外婆照顧，從此就像斷了線的風箏一樣，毫無音信。後來，外婆因病長期住院，留下小婷獨撐這個破碎的家庭，但「巧婦難為無米之炊」，每一次一斷炊，就到隔壁找舅舅借錢，總要看盡舅媽的臉色，因此最近很少再去。而深恐受同學輕視的小婷，在老師和同學面前，半點風聲也不露，一旦面臨困窘，終於出此下策。

林老師溫言安慰她幾句，並吩咐她：「明天早自習之前來找老師報到！」

❀ ❀

第二天一大早，林老師特地把小婷帶到輔導室的小房間，正色的告訴她：「發生這種事，老師真的好痛心！雖然這些日子妳很辛苦，老師可以體諒，可是人窮不可以志短，以後絕對不可以再有這種行為了！否則一旦被發現，將一輩子被蓋上『小偷』的烙印，永世不得翻身！懂嗎？妳雖然有苦衷，但老師還是要處罰妳，把手伸出來！」

　　林老師左手抓著小婷的手，正想處罰她，卻望見小婷那泫然欲泣求恕的眼神，不禁流下眼淚：「可憐的孩子！」她一把摟住小婷，緊緊抱著她，小婷也崩潰了，師生兩人抱頭痛哭。

　　林老師除了幫她嚴守秘密外，還代她把錢還給同學，又幫她向學校申請每個月兩千元的「仁愛獎助基金」，另外每個月自掏腰包貼補她六千元，並且告訴她：「妳將來長大後，會賺錢了，再還給老師不遲。還有，從此老師要暫時當妳的媽媽，以後有任何需要，都可以來找老師！」

　　林老師的話像一陣陣的暖流，溫暖著小婷的心，她含著感激的淚水，誠摯地向老師道謝。

　　從此，林老師果然像慈母般天天對小婷噓寒問暖，經常給予關愛的眼神。尤其是每當星期例假日，不是帶日常用品去探望小婷三姊弟，就是請她們到家裡來，讓她們享受家庭的溫暖；她甚至還收她們姊弟三人當她的「乾女兒」、「乾兒子」，滿足了他們孺慕的心；又發覺他們從小生長在鄉下貧困家庭，不但從來沒有補過習，也沒有任何課外讀物，也難怪小婷的英文和數學成績奇差無比。林老師於是經常為他們補習功課及購買課外讀物，她為三姊弟帶來了春天。

　　之後，她的班上再也沒有竊案發生。為了報答林老師的恩情，小婷開始力爭上游，不但不再遲到、打瞌睡，而且功課方面也突飛猛進。

　　後來她考上某知名私立大學，現在是會計師，並且已有美滿家庭的小婷，一直把林老師當成她的「再生父母」，感謝她在生命中的關鍵時刻，及時伸出援手，把她導入正途。

班級經營理論

葛登（T. Gordon）【教師效能訓練模式】

葛登（1918- ）是一位臨床心理學家，主張管教學生要應用溝通策略，以幫助他們養成「自律」的良好習性。他曾任芝加哥大學教授，是「教師效能訓練」（TET: Teacher Effectiveness Training）的創辦人與總裁。著有《教師效能訓練》（*Teacher Effectiveness Training*, 1970）、《教導孩子們自律》（*Teaching Children Self-Discipline*, 1989）等書。他對班級經營的理論要點如下。

1. 積極傾聽法（Active Listening）

「積極傾聽法」是一種促使孩子和我們有效溝通的技術，可以聽出學生真正的弦外之音，並且讓他願意繼續說下去。老師就像一面鏡子，把學生所說的事情，用「原來的言語」反映回去。所謂「原來的言語」，即對方原來的話語，不經判斷、不提建議等，「直接」反彈回去；這時對方只能回答：「是啊！……」、「對啦！……」。此法能讓學生感覺：老師不但在聽，而且還聽懂他的意思，是最有效的溝通方法之一。但最適合於剛開始不明就理時，或引起話題時使用，且需誠懇回應，不宜全程使用。

例如：學生說：「我不想當班長了！」在老師尚不明白他真正的意思或原因時，就可以用「積極傾聽」法回應說：「你說你不想當班長？」學生回答：「對啊！當班長每天都要提早到校，來不及的時候，爸爸都必須送我，但扣我零用錢……。」相反地，如果開始時，老師就回應：「太累了嗎？」、「是誰說你壞話？」、「你才當一個月就不想當？」學生很可能會回答：「不是啦！……」而沒有遇到「知音」的感覺，甚至不願意再講下去。

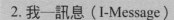

2. 我—訊息（I-Message）

(1)「我—訊息」特別用在要求對方去做（或不做）某件事時行之。這時，教師不用「你—訊息」來責備學生，而使用「我—訊息」的方法，讓學生弄清楚自己的行為可能產生的具體影響，使之對其日後的行為，能逐漸深思熟慮。

(2)教師要發出「我—訊息」時，必須告訴學生三件事：你的什麼「行為」、該行為產生什麼具體「後果」、該行為後果帶給教師什麼「感覺」。

(3)此法，重點在第三句：該行為後果帶給教師什麼「感覺」？例如：要某位學生安靜地坐在座位時，若喊：「某某某，坐回去！你打擾到別人啦！」（這是「你—訊息法」），但如果教師說：「某某某，你走來走去，影響到同學，老師覺得很困擾！」如果這位同學馬上回座位去，他是「志願配合」，並且「體貼老師的感覺」，而不是聽權威的命令，此有助於培養其「自律」精神。

3. 無人輸策略（No-lose Method）

師生間在面臨衝突狀況時，雙方須共同協商一個能滿足彼此需要的解決方法，使衝突圓滿化解；此時雙方都是贏家，且能維持師生關係。

（參考自邱連煌，1997：153-189；張民杰，2011：320-326；郭明德，2001：75-80；歐申談譯，2004）

 案例參考

案例一：讓學生深思熟慮

故事中很有愛心的林老師，曾正色地告訴小婷，偷竊將帶來什麼不

良的嚴重後果，讓學生弄清楚自己的行為可能產生的具體影響，使之對其日後的行為，能逐漸深思熟慮，進而採取最適當有效的措施。而她的目的達到了。

❀ ❀

　　臺中市有位劉老師，任教於某私立高職，有一天從新聞報導，驚聞臺北市某公立高中的高二女生有上網援交的行為，忍不住找班上幾位平常較接近的同學聊聊，結果證實自己的擔心不是多餘，同學們確曾風聞校內有同學從事援交及一夜情的偏差行為。

　　劉老師覺得事關重大，於是在班會時拿出剪報，以「援交及一夜情」為題，先讓同學們分組討論及上臺報告，自己再提供一些看法，其重點在討論行為本身的後果，歸納如下：

　　　「有些女生慘遭針孔錄影，從此受歹徒脅迫，淪為其性愛奴隸及提款機。」
　　　「有些成為未婚媽媽，生下不幸的小生命。」
　　　「有些因此經常墮胎，導致不孕。」
　　　「有些因而傳染性病甚至是愛滋病，害己害人。」
　　　「有些慘遭黑道毒品控制，生不如死。」
　　　「有些學業中輟，提早進入社會大染缸，甚至成為歹徒的情婦，從此亡命天涯。」

　　劉老師希望藉著這次班會的討論，讓學生弄清楚自己的行為可能產生的具體影響，使之對其日後的行為，能逐漸深思熟慮。

　　接著，劉老師又在導師會議中提出來，提醒導師們及輔導室加強這方面的輔導，以及家長的聯繫，並由校長具名，寫封信給每位家長，請家長們多關心自己的孩子。劉老師希望藉此次一連串的措施，讓親、師、

生們都了解行為本身的嚴重性，有效地導正了同學們的偏差行為。

案例二：「我─訊息」

　　故事中的林老師，在竊案發生後，很清楚地運用「我─訊息」告訴小婷三件事：

　　1.你的「行為」不但造成全班困擾，而且是犯法的行為。

　　2.由於該行為所產生的具體「後果」：若東窗事發後，不但從此在同學面前抬不起頭來，而且很可能將一輩子被冠上「小偷」的罪名，讓她知道問題的嚴重性。

　　3.該行為給教師帶來的基本「感覺」是什麼：「發生這種事，老師真的好痛心！」此可引起同學們的同情與同理心，引發當事人主動配合的意願。

＊＊＊＊＊＊＊＊＊＊＊＊＊＊＊＊＊＊＊＊＊＊＊＊

　　臺北市某高中，有位王老師，也很懂得運用「我─訊息」來與學生溝通。有一次，因不准學生上課時集體請假為班上籃球賽加油，被球員小傑在週記上寫了許多難堪的話。王老師事後找小傑來，心平氣和地與他溝通，請問他：「一個人一不順心就可以對人破口大罵，請問是解決問題還是製造問題？」（你的「行為」已經造成了問題）。

　　又告訴他：「以後若採取這種模式與人溝通，其後果是：雙方對立愈來愈嚴重，裂痕愈來愈深！」（由於該行為所產生的具體「後果」，故造成了問題）。

　　再告訴他：「老師覺得很不受尊重，很受傷！」（該行為給教師帶來的基本「感覺」是什麼）。

　　由於王老師並沒有直接指責小傑的行為，只表達自己的「感覺」，

並且語氣很平和、態度很誠懇，小傑知道自己錯了，他誠心地向王老師道歉，結局圓滿。

案例三：無人輸策略

師生關係，絕對不是法官與犯人或警察與小偷的關係！所以不是對立的，而是可以共存共榮的。

故事中的林老師與小婷，很像是有破案壓力的警察及深恐東窗事發的小偷，照理說她們的角色扮演是對立的。但充滿著教育愛的林老師，很快地跳脫出那樣的角色，她的溫情喊話，突破了小婷的心防，令她相信林老師是值得信任的，所以願意不打自招。而且也因為老師的愛心，不需要任何協商，就能找出一個能滿足彼此需要的解決方法，使衝突圓滿化解。

❀ ❀

新北市某國中，有一個流氓學生阿忠，從小學過武術，身強體壯，既無心於課業，又好勇鬥狠，經常惹事生非，因而記過累累，同學畏之如虎，校方也束手無策。

有一天，他又因心情不好而毆打同學。郭老師正好路過，阻止了他：「你很喜歡打人，那麼，跟老師對打如何？」結果跆拳道四段的郭老師一下子就把阿忠摔倒了。

郭老師帶他到辦公室懇談：「你這樣下去，大家都痛苦！你希望老師怎麼幫你？」

阿忠終於說出自己的心聲：「一是記過累累，擔心自己畢不了業；二是想升學，但功課不好，不可能考得上！不知如何是好？因此每次一想起就覺得心情煩躁。」

　　郭老師於是幫他指點了一條明路，那就是「加入跆拳道社」！但要他保證「從此不再惹事生非」，否則立刻逐出跆拳道社。

　　從此，阿忠痛改前非，苦練跆拳道，憑著比賽屢屢得獎的佳績，不但獲選為校隊，將功抵過，順利地畢業升學，而且還進入國家代表隊。現在已被保送進入師大體育系就讀的阿忠，回首前塵，非常感激郭老師的再造之恩。

　　以上郭老師的處理方式，是雙方共同協商出一個能滿足彼此需要的解決方法，使衝突圓滿化解。此時雙方都是贏家，且能維持師生關係。

 挑戰性問題

1. 您是否同意本節「校園故事」中教師之各項作法？是否有其他補充或不同意見？
2. 針對上述三個案例，您有何心得？或有其他相關的案例可提出來分享？
3. 葛登的「教師效能訓練模式」主要強調，要運用有效的「溝通策略」，協助學生發展自律、合群的好習性。他列出了十二種溝通的「絆腳石」（road blocks），說明了教師（或父母）若使用這些「不接納性的語言」，會阻礙孩子和他們的溝通。請嘗試列舉這些「絆腳石」為何。
4. 「積極傾聽法」的回應秘訣，是設法讓對方回答：「是啊！……」、「對啦！……」。
   請試著運用「積極傾聽法」回應學生的下列談話：
   (1)學生甲：「我為什麼要學這些無用的東西？」
   　　不正確的回應：「誰說沒用？學了都有用！」
   　　（學生甲：「算這麼難的公式，我一輩子也用不到！」）
   　　所以，「積極傾聽法」的回應應該是「_____」。
   (2)學生乙：「某某同學很機車哪！」

不正確的回應：「你很討厭他？」

（學生乙：「不是啦！他……」）

所以，「積極傾聽法」的回應應該是「＿＿＿＿＿＿＿＿＿」。

(3)學生丙：「下個禮拜要考國文哦？」

不正確的回應：「你怕考不好？」

（學生丙：「不是啊！我是怕考填充啦！我最討厭死背課文了！」）

所以，「積極傾聽法」的回應應該是「＿＿＿＿＿＿＿＿＿」。

5. 運用「我─訊息」時，重點在：該行為後果帶給教師什麼「感覺」。請試著針對下列三題，用「三件事」（三句話）完整地表達「我─訊息」：

(1)要求學生甲上課中要舉手發言，不要隨意插嘴。

(2)要求學生乙上下樓梯要小心，不要用跳的。

(3)要求學生丙要按時交作業，不要老是缺交。

6. 葛登還提出並用「我─訊息」和「積極傾聽法」的所謂「換檔」（shifting gears）的方式，例如：

教師：「某某某，你最近常常遲到，打擾上課秩序，老師不知道怎麼辦才好？」（「我─訊息」）

學生：「哦，我因為需要為妹妹做早飯，所以……」

教師：「哦，你需要為妹妹做早餐？」（「積極傾聽法」）

學生：「是啊！……」

請運用「換檔」回應下列狀況：

某生最近常上課打瞌睡，醒來時也心不在焉，您要提醒他改正。

教師：「＿＿＿＿＿＿＿＿＿＿＿」（「我─訊息」）

學生：「＿＿＿＿＿＿＿＿＿＿＿」

教師：「＿＿＿＿＿＿＿＿＿＿＿」（「積極傾聽法」）

學生：「對啊！……」

7. 如果您發出「我—訊息」，也「換檔」改變立場和技術，仍然無法改變學生不當的行為時，您是否願意放下教師的權威，避開正面衝突，運用「無人輸策略」和學生討論出彼此都同意的改正方法？若同意，請就上題的狀況回答相關措施。

8. 為落實本節「教師效能訓練模式」的各項主要原則，應有的基本理念和配套措施為何（例如：a.教學目標，b.教學內容，c.教學方式，d.教學活動，e.學習型態，f.補充教材，g.教具媒體，h.教學評量，i.學生輔導，j.師生關係，k.親師關係，l.班規建立，m.班級組織運用，n.班級氣氛經營，o.教室環境營造，p.校園危機處理等方面）？試擇其一二項論述之。

 教師妙錦囊

妙錦囊一：以保護的立場，改正孩子的偏差行為

　　身為教師，宜高瞻遠矚，以宏觀的角度來解決問題，避免一件事解決後又衍生出另一問題。因此，除了為大局著想之外，也應特別注意，避免在任何一位學生的心靈上，造成無可彌補的傷害，這是老師的職業良心。

妙錦囊二：以寬容的態度感化學生，讓其主動改過

　　「學生有犯錯的權利，老師有輔導的義務」。身為教師，不但要輔導，更應以寬容的心來感化一時犯錯的學生，讓其有機會在良心的譴責下幡然悔悟，切忌把學生逼入絕境，只好向下沉淪，此絕非社會之福。

妙錦囊三：以智慧的心，為學生剖析利害得失，讓其知道後果

　　有愛心、慧心的老師，除了要以寬容的心來護持、感化學生之外，

有時還得善用智慧，為學生剖析利害、權衡得失，以便收到「當頭棒喝」之效，讓誤入歧途的孩子迷途知返。

妙錦囊四：積極傾聽孩子內在的聲音，才能真正了解孩子

　　每一個學生都渴望與老師交心。當老師的應經常接近孩子，除了用耳之外，還要用眼、用心，積極傾聽他的內在聲音，才能懂得學生的弦外之音，真正了解孩子的感受及想法。

妙錦囊五：師生懇談，共同協商，才能創造雙贏

　　有些「大條」的學生，表面看來，是麻煩的製造者，其實換個角度，他也許大有用處。有智慧的老師，且慢討厭他，可以跟他懇談，共同協商出能滿足彼此需要的解決方法，也許會有很圓滿的結果。此時雙方都是贏家，成就師生善緣，多好！

參考文獻

吳明隆（2012）。班級經營：理論與實務。臺北市：五南。

吳清山、李錫津、劉緬懷、莊貞銀、盧美貴（1990）。班級經營。臺北市：心理。

林進材（2012）。班級經營。臺北市：五南。

邱連煌（1997）。班級經營：學生管教模式、策略、與方法。臺北市：文景。

金樹人（編譯）（2012）。C. M. Charlees 著。教室裡的春天：教室管理的科學與藝術（Building classroom discipline）。臺北市：張老師文化。

張民杰（2011）。班級經營：學說與案例應用。臺北市：高等教育。

教改論壇（2013）。你應該知道的十二年國教。臺北市：商周。

郭明德（2001）。班級經營：理論、實務、策略與研究。臺北市：五南。

陳木金（1999）。班級經營。臺北市：揚智。

單文經等（譯）（2004）。M. L. Manning & K. T. Bucher 著。班級經營的理論與實務（Classroom management: Models, applications, and cases）。臺北市：學富文化。

黃政傑、李隆盛（1993）。班級經營：理念與策略。臺北市：師大書苑。

歐申談（譯）（1993）。湯瑪斯·高登著。教師效能訓練（Teacher effectiveness training）。臺北市：新雨。

鄭玉疊、郭慶發（1994）。班級經營：做個稱職的教師。臺北市：心理。

鍾啟泉（1995）。班級經營學。臺北市：五南。

附錄：
班級經營理論的主要模式

一、福瑞伯格（H. J. Freiberg）【一致性管理模式】

1. 一致性管理（consistency management）

   (1)責任與自律

   (2)防患於未然

2. 合作式常規（cooperative discipline）

   (1)人人是領導者

   (2)師生合作共事

   （詳細內容請參見本書第 5 頁）

二、尼爾森、勒特、葛林（J. Nelsen, L. Lott & S. Glenn）【積極管理模式】

1. 必要的技能（四選三）

   (1)自我內省

   (2)人際互動

   (3)自我判斷

2. 障礙物 vs.增進物（五選三）

   (1)假設 vs.檢視

   (2)指示 vs.引導

   (3)成人中心 vs.尊重差異

3. 班會的益處（八選四）

   (1)休戚與共的共同體

   (2)班級氣氛親善與祥和

   (3)尊重多數決

　　(4)角色扮演與腦力激盪

　　（詳細內容請參見本書第 15 頁）

三、嘎色克爾（E. Gathercoal）【慎思型紀律模式】

　　1. 教育專業倫理

　　(1)教育專業理念之聲明

　　(2)以身作則和適當授權

　　2. 憲法上的權利

　　(1)培養公民素養的環境

　　(2)群體的福祉和需求相互平衡

　　3. 民主式的班級環境

　　(1)展現對他人的尊重

　　(2)設定目標

　　(3)個別不同的處罰方式

　　（詳細內容請參見本書第 26 頁）

四、金納特（H. Ginott）【和諧溝通模式】

　　1. 和諧溝通

　　2. 理性訊息

　　3. 避免「貼標籤」

　　4. 以「鑑賞式稱讚」取代「評價式稱讚」

　　（詳細內容請參見本書第 41 頁）

五、亞伯特（L. H. Albert）【合作式管理 3C 模式】

　　1. 教師應以三個 C 來幫助同學學習

　　(1)有能力的（Capable）

　　(2)能和諧相處（Connecting）

　　(3)有貢獻的（Contributing）

2. 親師懇談法

   (1)採取謹慎、客觀、非批評式的措辭

   (2)避免與家長爭論

   （詳細內容請參見本書第 51 頁）

六、科亨（A. Kohn）【超越班級經營模式】

1. 超越規則

   (1)決定適當的行為

   (2)反對行為規則

2. 人類共同需求

   (1)自主決定

   (2)關係歸屬

   (3)成功勝任

3. 社群理念

   (1)關懷與支持

   (2)社群歸屬感

   (3)處理、解決班級問題的好方法

   （詳細內容請參見本書第 60 頁）

七、庫寧（J. Kounin）【教學管理模式】

1. 全面掌控

   (1)察覺發生的任何事情

   (2)漣漪效應

2. 團體焦點

   (1)團體責任感

   (2)團體警覺

3. 創新教學

   (1)挑戰性

(2)多元性

(3)成就感

（詳細內容請參見本書第 78 頁）

八、科羅若梭（B. Coloroso）【內在紀律模式】

1. 剛毅果斷型教師

   (1)必要的支持與資源

   (2)開創性活動

   (3)共同訂定班級規則

2. 紀律管理

   (1)責任歸屬

   (2)內在紀律

3. 紀律訓練 3R

   (1)補救（Restitution）

   (2)解決方法（Resolution）

   (3)和解（Reconciliation）

   （詳細內容請參見本書第 92 頁）

九、強森、強森（D. Johnson & R. Johnson）【合作學習 3C 模式】

1. 第一個 C：合作（Cooperation）

   (1)有效溝通與通力合作

   (2)合作學習

   (3)關懷與承諾關係

2. 第二個 C：衝突解決（Conflict Resolution）

   (1)暴力預防方案

   (2)替代方案

3. 第三個 C：公民價值（Civic Values）

   (1)創造共同的目標與價值

(2)率先實行價值

（詳細內容請參見本書第 109 頁）

十、葛萊瑟（W. Glasser）【現實治療模式】

1. 現實治療

(1)面對現實

(2)不接受藉口

(3)責任感

2. 控制理論

(1)自律自主

(2)滿足學生需求

(3)引導式教師

（詳細內容請參見本書第 122 頁）

十一、艾渥森、海瑞絲（C. Evertson & A. Harris）【學習者為中心模式】

1. 特別的課程設計

(1)周全備課

(2)開學宣布

2. 處理不符期望的行為

(1)低程度介入

(2)適度的介入

(3)廣泛的介入

（詳細內容請參見本書第 136 頁）

十二、史金諾（B. F. Skinner）【行為主義相關模式】

1. 增強理論

(1)塑造學生行為

(2)增強的形式

(3)增強的種類

2. 行為改變技術

　　(1)確定目標

　　(2)測定基線

　　(3)選擇增強物

　　(4)安排後果

　　(5)評估效果

　　（詳細內容請參見本書第 148 頁）

十三、瓊斯（F. Jones）【正向班級常規模式】

1. 組織班級結構

2. 運用限制活動

　　(1)焦點在最具破壞性的學生

　　(2)走近不良行為傾向的學生

3. 責任訓練

　　(1)獎勵的價值

　　(2)每個人都有希望獲得

4. 設置支持系統

　　（詳細內容請參見本書第 162 頁）

十四、科威恩、曼德勒（R. L. Curwin & A. N. Mendler）【尊嚴管理模式】

1. 四項基本理念

　　(1)班級經營應以學生為中心。

　　(2)強調民主氣氛。

　　(3)避免權威態度。

　　(4)重視責任養成而非服從模式。

2. 七項行為規則（七選五）

　　(1)學生的長期行為改變

　　(2)終止無效的作法

(3)遵守公平原則

(4)使班級規則產生意義

(5)有尊嚴地對待每位學生

3. 社會契約

(1)界定學生的適當與不適當的行為

(2)讓學生參與規則的制訂

(3)為每項規則訂定合理後果以及報酬或獎賞

（詳細內容請參見本書第 174 頁）

十五、雷德、華頓伯格（F. Redl & W. W. Wattenberg）【團體動力模式】

1. 團體動力

(1)察覺團體行為的特徵

(2)團體的心理動力

2. 影響技術

(1)支持自我控制

(2)提供情境的支持

(3)訴諸「痛—快原則」

（詳細內容請參見本書第 186 頁）

十六、德瑞克斯（R. Dreikurs）【目標導向模式】

1. 錯誤目標

(1)引人注意

(2)爭取權力

(3)謀求報復

(4)表現無能

2. 多鼓勵、少稱讚

3. 必然性後果

（詳細內容請參見本書第 199 頁）

十七、肯特夫婦（L. Canter & M. Canter）【果斷紀律模式】

1. 教師在教室內基本的權力

    (1)建立合宜的學習環境

    (2)表現適當的行為

    (3)尋求學校及家長的協助

2. 果斷紀律模式的步驟

    (1)建立明確的行為規範和期望

    (2)學生的正向行為

    (3)執行違反規範的後果

    (4)尋求支持

3. 積極、果斷的制度

    （詳細內容請參見本書第 211 頁）

十八、葛登（T. Gordon）【教師效能訓練模式】

1. 積極傾聽法

2. 我─訊息

    (1)教師使用「我─訊息」的方法

    (2)教師必須告訴學生的三件事

    (3)培養其自律精神

3. 無人輸策略

    （詳細內容請參見本書第 222 頁）

國家圖書館出版品預行編目資料

十二年國教下的班級經營：十八項理論解說與事例印證
　／陳威任、陳膺宇著. -- 初版.
-- 臺北市：心理, 2013.09
　　面；公分. --　（教育現場系列；41149）

　　ISBN 978-986-191-563-0（平裝）

　1.班級經營　2.國民教育

527　　　　　　　　　　　　　　　102017173

教育現場系列 41149

十二年國教下的班級經營：十八項理論解說與事例印證

作　　者：陳威任、陳膺宇
責任編輯：郭佳玲
總 編 輯：林敬堯
發 行 人：洪有義
出 版 者：心理出版社股份有限公司
地　　址：231 新北市新店區光明街 288 號 7 樓
電　　話：(02) 29150566
傳　　真：(02) 29152928
郵撥帳號：19293172　心理出版社股份有限公司
網　　址：http://www.psy.com.tw
電子信箱：psychoco@ms15.hinet.net
駐美代表：Lisa Wu（lisawu99@optonline.net）
排 版 者：辰皓國際出版製作有限公司
印 刷 者：辰皓國際出版製作有限公司
初版一刷：2013 年 9 月
初版六刷：2018 年 12 月
I S B N：978-986-191-563-0
定　　價：新台幣 250 元